당신은 세상에서 가장 소중한 사람입니다.

사랑하는　　　　　　　　에게

드림

설교에 맛을 내는 예화9 믿음

초판 1쇄 인쇄 | 2011년 3월 1일
초판 1쇄 발행 | 2011년 3월 1일

지은이 | 한치호
교　정 | 최화숙
편　집 | 최영규
펴낸이 | 정신일
펴낸곳 | 크리스천리더
주　소 | 부천시 원미구 중동 667-16 (2층)
연락처 | ☎ (032)342-1979　fax.(032)343-3567
홈페이지 | www.cjesus.co.kr
총　판 | 생명의 말씀사 (02)3159-8211
등　록 | 제2-2727호(1999. 9. 30.)
　　　　ISBN 978-89-93273-88-5 04230
　　　　ISBN 978-89-93273-63-2 (세트)

값 5,800원

저자와의 협약 아래 인지는 생략되었습니다.
이 출판물은 저작권법에 의해 보호를 받는 저작물이므로
무단전재와 무단복제를 할 수 없습니다.

■잘못된 책은 구입하신 곳에서 바꾸어 드립니다.

설교에 맛을 내는 예화 9

Preaching with good Story

[믿음]

CLS 크리스천리더

추천사

설교에 맛을 내는 예화

　목회자가 하나님의 말씀을 쉽게 전달하기 위해서는 참신하고 호소력 있는 예화들이 필요하다.

　그러나 우리는 예화 자료를 얻기가 쉽지 않다. 설교를 준비해 본 사람이면 예화자료의 부족으로 한 두 번쯤은 고민해 본 경험을 갖고 있을 것이다.

　본인과 늘 가까이 대하는 좋은 후배로서, 언제나 동역자로 함께 지내오고 있는 한치호 목사가 설교자들을 돕기 위하여 하나님의 말씀 전파를 돕는 예화를 엮는다는 소식을 접하였을 때 흐뭇하였다.

　사실, 우리는 기독교 서점에 나가보면 이런 저런 형태의 예화집들을 쉽게 대하게 된다. 그럼에도 이 예화집에 기대를 거는 것은 주제별로 예화를 묶는 것에 있다.

　한가지 소재를 가지고 설교 원고를 작성했을지라도 그 주제에 꼭 알맞은 예화를 선택하는 데는 시간을 필요로 한다. 그런데 동일한 주제에 맞는 예화들을 1백편 이상 추려서 한 권의 책으로 엮는다니 얼마나 좋은 아이디어인가!

우리는 예수님께서 천국복음을 전파하실 때, 아주 적절하게 예화를 사용하셨음을 알고 있다.

본문을 풍성하게 해주는 적절하고 은혜로운 예화의 사용은 성도들에게 설교의 성패를 좌우할 수 있다.

설교에 있어서 예화의 사용은 설교의 문을 여는 역할을 하며 윤활유와 같다. 교회를 담임하고 평생을 설교를 해온 본인의 경험으로는 하나님의 말씀을 듣기 전에 대하게 되는 예화가 강단에 끼치는 영향은 매우 크다고 할 수 있다.

우선, 성도들이 설교를 이해하는데 도움을 주고, 둘째로 설교의 내용을 오래 기억하게 하며, 셋째는 설교를 되새길 수 있는 여유를 주는 까닭에 설교에 있어서 없어서는 안 되는 요소라 하겠다.

목회자들의 강단과 성도들의 은혜를 고려한 예화를 엮는 작업에 있어서 한치호 목사는 부족함 없는 사람이다.

그는 지금까지의 삶을 하나님의 종으로서 훌륭한 모습을 보여 왔기에, 그의 인품을 보아 좋은 책을 엮어 내리라고 기대하며, 즐거운 마음으로 추천한다.

이충선 목사(경기노회 전노회장, 예장합동)

차 례

추천사 이충선 목사
들어가는 글 믿음의 삶

1. 믿음 없이는

1. 미국 50개 주의 최고봉에 오른 장애인? _18
2. 가이사가 주님이시다_20
3. 깨닫는 그 순간에서부터_22
4. 파렴치한_24
5. 믿음의 기도를 들어주신 하나님_26
6. 믿음의 승리_28
7. 바하의 하나님께의 영광_30
8. 우표책의 약속 _32
9. 겨자씨 만한 믿음_34
10. 영혼을 위한 아이스크림 _36
11. 하나님 제일주의의 신앙_38
12. 환경을 극복한 믿음_40
13. 3일만 참자 _42
14. 고문을 극복한 아들_44
15. 믿음 있는 사람, 믿음 없는 사람_46
16. 믿음으로 살리라 _48
17. 외줄 수레를 탄 소녀_50

18. 이런교회, 이런신자_52
19. 눈물의 요새_54
20. 사람의 뜻대로만 될 수 없는 세상_56
21. 모든 사정을 아시는 주님_58
22. 탁자에 올려 놓을 수 없는 예수님_60
23. 엘리자베스 여왕_62
24. 눈이 위에 달린 이유_64
25. 믿음의 눈_66

2. 믿음의 분량대로

1. 믿음의 모험_70
2. 하나님까지 잃어버리면_72
3. 믿음의 눈_74
4. 하나님의 동행을 믿는 리빙스턴_76
5. 생명을 이루는 의_78
6. 완벽한 의사 예수_80
7. 힐튼호텔 이야기_82
8. 긍정적인 믿음_84
9. 하나님의 영광을 위한 사업_86
10. 절대온도_88
11. 미생지신_90
12. 믿음의 단계_92
13. 믿음의 기도_94
14. 산을 옮긴 믿음_96
15. 위대한 믿음_98

16. 믿음_100
17. 믿음의 선언_102
18. 가장 위대한 것_104
19. 새로운 결단_106
20. 하나님의 때_108
21. 그리스도의 수난_110
22. 우리가 믿어야할 것_112
23. 흔들리는 믿음_114
24. 용기 있는 믿음_116
25. 결과를 기대하라_118

3. 세상이 감당하지 못하는 믿음

1. 당신의 믿음이 성장하기를 원한다면_122
2. 내가 믿는 하나님_124
3. 한 번 믿어보세요_126
4. 전적의탁_128
5. 믿음과 행함의 노_130
6. 변치 않는 믿음_132
7. 고난과 믿음_134
8. 믿음을 귀하게 여기시는 주님_136
9. 너희 믿음대로 되라_138
10. 믿음의 기도로 치료_140
11. 불신_142
12. 큰 믿음을 가지라_144
13. 하나님의 계획_146

14. 하나님의 아들을 믿는 믿음_148
15. 믿음과 신뢰_150
16. 믿음 _152
17. 목숨보다 귀한 것_154
18. 겨자씨를 포켓에 넣고 다녀 _156
19. 믿음의 뿌리_158
20. 목회자의 10가지 자격_160
21. 축첩_162
22. 전쟁 중에도 지킨 믿음_164
23. 믿어주는 능력 _166
24. 붙잡는 힘_168
25. 순례자의 시선_170

4. 여호와를 앙망하라

1. 노만 빈센트필과 비행기_174
2. 젊은 병사의 서원_176
3. 곧은 믿음_178
4. 닉 부이치치의 믿음과 열정_180
5. 믿음의 기동성_182
6. 구덩이 속의 아버지_184
7. 병사의 믿음_186
8. 믿어줄 거라는 확신_188
9. 예수님을 믿어야지만_190
10. 믿음으로 이끌라_192
11. 베이오우션의 비밀 _194

12. 끝까지 승리하는 삶_196
13. 어린아이와 같은 믿음_198
14. 하나님과 동행하시는 가시덤불_200
15. 믿음은 동사다_202
16. 오직 하나님만 의지하라_204
17. 하나님의 창조_206
18. 나의 동업자_208
19. 신앙의 어머니1_210
20. 신앙의 어머니2_212
21. 그리운 그리스도인_214
22. 그리스도인을 향한 기대_216
23. 노아와 같은 믿음_218
24. 인공위성과 고사_220
25. 믿음으로 의롭다함을 얻는 화평_222

믿음

주여 제게 믿음을 주소서

매일 매일의 사명을 다할 수 있도록

평온한 마음을 주시고

주의 길을 갈 수 있도록 손을 붙잡아 주소서

모든 것 가운데서

당신을 찾을 수 있는 고요한 마음을 주소서

주께서 원하시면 어디든지 갈 수 있는

순전한 영혼을 주소서

미래는 주께서 주신 선물

주의 사랑을 믿기에

두려움 없이 그 앞으로 나아갑니다

-영국의 시인 J.옥스남(1861~1941)

설교에 맛을 내는 예화 9 - 믿음

믿음의 삶

알렉산더 대왕이 지독한 병에 걸렸다. 의사들은 모두 고치려 하지 않았다. 만일 못 고치면 화를 당할까 하는 염려 때문이었다. 그런데 어떤 의사가 자청하여 왕을 치료하겠다고 나섰다. 그런데 그 의사의 적들로부터 왕에게 모함하는 편지가 배달되었다. 그 의사가 적에게 매수당하여 왕을 죽이려 한다는 내용이었다. 의사가 왕에게 약을 바치자 왕은 편지를 내 밀었다.

그리고는 아무 의심 없이 그 약을 다 마셨다. 모함하는 편지를 본 의사는 떨고 있었는데, 왕은 "나는 자네를 믿소."라고 하며 미소를 지었다. 왕은 그 의사의 치료로 얼마 후 쾌유하게 되었다. 왕이 의사에 대한 믿음이 없었으면 왕은 낫지 못했을 것이다.

믿음이 있다는 것은 안전한 것이다. 내가 낫는 것이며, 기쁨을 누리는 것이며, 평안하게 되는 것이다.

그리스도인들의 일반적 오해가 있다. 구약시대는 율법시대이고 율법으로 구원받는다는 것이다.

반면에 신약시대는 은혜시대이고, 믿음으로 구원받는다는 것이다. 그런데 성경을 자세히 보면 구약도 믿음으로 구원받는 시대이다. 율법으로는 어떤 사람도 완전하지 못하다. 율법의 대명사인 모세도 율법적으로는 완전하지 못했다.

예수님은 하나님의 온전하심같이 온전하라고 하셨는데, 하나님처럼 온전한 자가 어디 있는가?

창세기 6:8~9절에는 "그러나 노아는 여호와께 은혜를 입었더라 노아는 의인이요 당대에 완전한 자라"고 한다. 하나님께 은혜를 입어야 의인이 되고 완전한 자가 되는 것이다.

또 창세기 15:6절에는 "아브람이 여호와를 믿으니 여호와께서 이를 그의 의로 여기시고"라고 했다. 믿으니 의로 여기셨다. 이것은 믿음으로 구원을 얻는 것을 의미한다.

온전한 믿음

초기 기독교의 교부 터툴리안(Tertullian)은 "불합리하기 때문에 나는 믿는다." 라는 유명한 말을 하면서 "예루살렘과 아테네가 무슨 상관이 있느냐?"고 질문을 했다.

믿음의 세계는 인간 이성의 영역을 초월하는 계시의 세계라는 뜻이다. 그는 예수 그리스도의 성육신(Incarnation)은 "불가능하기 때문에 확실하다."고 주장하기까지 한다.

신학의 중요관심이 "무엇을 믿어야 하는가?"(What ought to believe)라면, 기독교 윤리학의 관심은 "무엇을 하여야 하는가?"(What ought to do)이다. 온전한 믿음이란 이 두 가지 요소가 잘 조화를 이룬 상태를 의미한다.

온전한 신앙의 특성 중 하나가 인류 구원을 위해 먼저 행동(Action)하신 하나님에 대한 인간의 믿음의 반응(Response)인 것이다.

"참 마음과 온전한 믿음으로 하나님께 나아가자."

우리 믿음의 대상은 하나님이시다. 하나님께 대한 믿음의 내용은 두 가지이다. 하나는 하나님께서 전능하신 창조주이심을 믿는 것이다. 또 하나는 하나님께서 우리를 사랑하신다는 것을 믿는 것이다.

"당신은 사랑받기 위해 태어난 하나님의 귀중한 자녀입니다."라는 자기 정체성이 그리스도인에게는 꼭 필요하다. 인생을 살면서 바른 원칙을 갖고 산다는 것은 대단히 중요하다. 원칙이 있으면 방황하지 않고 확신이 있기 때문이다.

하나님은 자기를 믿는 자에게 상주시는 분이시라고 성경은 말씀하고 있다.

우리는 세상을 사랑하신 하나님의 자녀이다. 그러므로 우리도 세상을 사랑해야 한다. 불신앙에게 지지 말고 믿음으로 불신앙을 이겨야 해야 하는 것이다. 세상을 사랑하시는 사랑 안으로 세상을 끌어 들여야 한다.

 우리가 하나님의 사랑 안에 거하듯이 세상이 하나님의 사랑 안에 거하게 해야 하는 것이다. 이것은 바로 믿음의 기초가 서 있을때 가능한 일이다.

01
믿음이 없이는

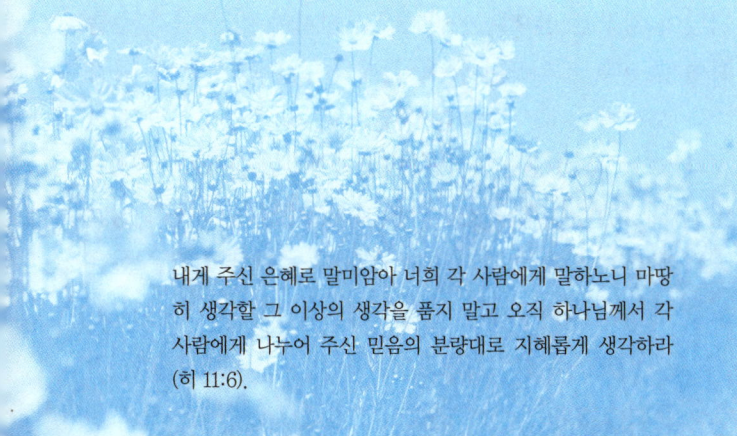

내게 주신 은혜로 말미암아 너희 각 사람에게 말하노니 마땅히 생각할 그 이상의 생각을 품지 말고 오직 하나님께서 각 사람에게 나누어 주신 믿음의 분량대로 지혜롭게 생각하라 (히 11:6).

01 | 미국 50개 주의 최고봉에 오른 장애인?

20세 타드 허스턴은 1981년 4월 미국의 수상스키 선수를 꿈꾸는 청년이었다. 어느 날 그가 수상스키 경주를 마치고 스키 로프를 끌다가 그만 배에 달린 기어 프로펠러에 다리가 끌려 들어가 두 다리를 잃게 되었다. 그는 의족에 의지할 수밖에 없었지만 그는 성경을 읽으며 기도했다.

"하나님, 저의 남아있는 포기할 수 없는 인생과 나의 가능성, 그리고 내가 도달하고 살아야 할 삶의 모습은 무엇입니까?"

그러던 어느 날 그가 기도하다가 잠들었을 때, 꿈에서 하나님이 자꾸만 산으로 올라가라고 하시며 미국의 각 주를 보여 주셨다. 캘리포니아 주, 몬타나 주, 뉴멕시코 주 등을 계속 보여주시며 각 주마다 제일 높은 산에 올라가라고 하셨다. 그는 꿈 속에서 하나님께 "올라가라면 올라가야지요."라고 대답했다. "하나님, 재미있네요. 주님은 저에게 정말 저의 불편한 의족을 가지고 미국 50개 주마다 최고로 높은 산을 정말로 올라가라고 요구하시는 겁니까? 좋습니다. 한 번 해보겠습니다. 이 도전은 저와 같은 장애인 친구들에게 놀라운 꿈과 삶의 격려가 될 것입니다. 제가 그 계획을 세워서 도전해 보겠습니다."

그는 미국 50개 주의 최고봉을 의족으로 정복하는 "서키트 아메리카"(*Circuit America*)라는 프로젝트로 도전했다. 1994년 6월 1일 드디어 알라스카 주 매킨리봉에서부터 그의 정복은 시작되었다. 그는 여러 차례 죽음에 다다르는 위험한 고비를 넘기며 아슬아슬하게 위기를 넘겼다.

"나는 전능하신 하나님을 믿습니다. 그 하나님께서 나에게 주신 가능성에 대해 도전하려고 합니다. 그리고 이 도전이 내가 사랑하는 장애인 친구들에게 꿈과 용기가 될 수 있기를 소망합니다."

드디어 그는 이 힘든 정복의 여정을 출발한지 66일째 되던 날인 1994년 8월 7일 오전 11시 57분에 50번째 주 50번째 산인 하와이의 마흐나키아 정상에 우뚝 섰다.

 예화와 관련된 말씀

> 주 여호와는 나의 힘이시라 나의 발을 사슴과 같게 하사 나를 나의 높은 곳으로 다니게 하시리로다 이 노래는 지휘하는 사람을 위하여 내 수금에 맞춘 것이니라(합 3:19).

02 | 가이사가 주님이시다

로마제국이 세계를 통치할 때, 많은 그리스도인들은 심한 박해를 당했다.

그리스도인들은 단지 자신의 주님이 가이사가 아니라고 부인하는 이유로 때로는 콜로세움 형장에서 야수의 밥이 되기도 하고 노예로 팔려가기도 했다.

초기 기독교는 모진 박해의 파고를 헤치고 살아남았다.

4세기에 이르러 콘스탄티누스의 밀란칙령과 데오도시우스의 기독교 공인으로 로마가 기독교 국가가 되기 전인 1~3세기에 기독교인으로 살아간다는 것은 곧 죽음을 의미했다. 그렇지만 모진 고문과 죽음의 위협도 결코 그리스도인을 굴복시키지는 못하였다.

로마 사람들은 서로 만나면 반드시 이렇게 인사를 해야 했다.

"가이사는 주님이시다."

"그렇습니다. 나의 주님은 가이사입니다."

그렇게 하지 않으면 어떤 사람이든지 바로 로마 군인에게 잡혀가야만 했다.

가이사는 로마황제의 칭호로서 황제 이외에 그 누구도 왕이 될 수 없었다. 황제의 말이 곧 법과 같았다.

그런데 그리스도인들의 주인은 오로지 예수 그리스도이시기에 결코 가이사가 주님이라고 고백할 수 없었다.

다시 말해 초대교회 그리스도인들은 자신의 하나밖에 없는 목숨을 내걸고 믿음을 지키는 사람들이었던 것이다.

 예화와 관련된 말씀

만일 너희가 믿음에 거하고 터 위에 굳게 서서 너희 들은 바 복음의 소망에서 흔들리지 아니하면 그리하리라 이 복음은 천하 만민에게 전파된 바요 나 바울은 이 복음의 일꾼이 되었노라(골 1:23).

03 | 깨닫는 그 순간에서부터

중국에서 선교사로 일을 하는 허드슨 테일러에게 어느 젊은 중국인이 찾아 와서 물었다.

"저는 세례를 받고 기독교인으로서 정식으로 출발하려고 합니다. 그런데 성경에 대해서는 어느 정도 알아야 하며, 신앙의 연조가 몇 년이나 되어야 합니까?"

그의 질문에 테일러 선교사는 이렇게 반문했다.

"램프의 심지가 얼마 동안 타야 빛을 내지요?"

"그야 물론 심지에 불을 붙이는 순간부터 빛을 내지요."

그의 대답을 들은 테일러 선교사는 이렇게 말해 주었다.

"그렇습니다. 기독교인이 되는 것도 다를 것이 없습니다. 성경에 대한 지식이 어느 정도이며, 또 몇 해 동안 교회 생활을 하였는가 하는 문제는 그리 중요하지 않습니다.

램프의 심지에 불이 붙는 순간부터 빛이 나는 것과 마찬가지로 신앙의 연조가 별로 없다고 해도, 그리고 성경에 대한 지식이 별로 없다고 할지라도 하나님께서 나를 불러 주시고 필요한 인간으로 사용하시기를 원하신다는 것을 알고 겸손히 받아들이기만 하면 그 순간부터 남녀노소, 빈부나 귀천을 막론하고 벌써 빛이 나기 시작할 것입니다.

그렇다면 그들은 벌써 훌륭한 그리스도인이 된 것이 아니겠습니까?"

그의 이야기를 듣고 있던 중국인은 기쁨이 가득한 채 돌아갔는데 후일 중국의 교회를 위해 크게 공헌하는 인물이 되었다.

 예화와 관련된 말씀

사람이 마음으로 믿어 의에 이르고 입으로 시인하여 구원에 이르느니라(롬 10:10).

믿음이 없어 하나님의 약속을 의심하지 않고 믿음으로 견고하여져서 하나님께 영광을 돌리며(롬 4:20).

04 | 파렴치한

'똥 싼 주제에 매화타령 한다.'
 잘못했으면서도 뉘우치지 않고 뻔뻔스럽게 놀아난다는 속담이다. 옛날 우리조상들은 아이들에게 '염치 차리라'는 교훈을 많이 했다.
 그런데 지금 세상에는 부끄러움이 없어지고 도처에 파렴치한이 기승을 부리고 있다. 이것도 말세의 한 징조라 할까.
 창세기 19장에는 소돔과 고모라의 두 도시에 부패가 극에 달해 방종과 음란과 폭력이 난무하므로 하나님께서 멸하기로 작정하셨다는 이야기가 실려 있다. 의인 열 사람도 없는 그 도시에서 롯의 가족만이라도 구하려고 속히 이 성을 떠나라 했건만 파렴치한 '그 사위들이 농담으로 여겼더라'(창 19:14)는 것이다.
 옛날 소돔과 고모라의 모습이 오늘날 우리들의 현실이 아닌가. 경성하여 기도하자. 롯의 사위들 같이 하나님의 심판을 농담으로 돌리지 말자.
 인도의 한 내륙지방에 '데카페라'라는 독사가 있다. 주민들은 어떤 짐승보다 이 뱀을 가장 두려워한다. 그 이유는 이 뱀에 한 번 물리면 살아남지 못하기 때문이다. 주민들은 데카페라가 나타나면 무조건 도망을 간다.

이 뱀은 화가 나면 머리가 마치 수건을 두른 것처럼 크게 부풀어 오른다. 그래서 사람들은 이 뱀을 '두건뱀'이라고도 부른다. 그런데 이 뱀에 물렸을 때 해독작용을 하는 특효약이 한 가지 있다. 그것은 데카페라가 똬리를 틀고 있는 곳에 나 있는 약초다. 이 약초를 짓이겨 뱀에 물린 곳에 바르면 신기할 정도로 독이 빠진다.

데카페라 주변에는 신비로운 약초들이 많아 위험을 무릅쓰고 그것을 구하려는 사람들이 많다. 인생도 마찬가지다. 죄가 많은 곳에 은혜가 넘친다.

세상은 어차피 선한 사람들만 모인 곳이 아니다. 죄악의 독이 번성한 곳에 선(善)이 있다. 세상의 죄악과 불의가 두려워 움츠리는 사람은 세상을 바꿀 수 없다.

 예화와 관련된 말씀

의를 위하여 박해를 받은 자는 복이 있나니 천국이 그들의 것임이라(마 5:10).

05 | 믿음의 기도를 들어주신 하나님

영국의 자선 사업가 조지 뮬러는 오직 믿음의 기도로써 6천여 명의 고아를 길러냈다. 어느 날 고아원에 양식이 떨어졌다. 식당 담당자가 뮬러에게 말했다.

"저녁 식사 시간인데 양식이 떨어졌습니다."

뮬러의 대답은 엉뚱한 것이었다.

"염려할 것 없네. 식사 종을 치고 아이들을 식당으로 모으게."

종을 치자 아이들이 우르르 식당에 모여들었다. 식탁 위에는 빈 그릇만 즐비하게 놓여 있었다.

뮬러는 아이들에게 말했다.

"여러분, 이제 머리 숙여 일용할 양식을 주실 하나님께 식사 기도를 드립시다."

아이들이 수군대기 시작하였다.

"빈 그릇을 놓고 무슨 기도야?"

이 소리를 들은 뮬러는 다시 말했다.

"염려하지 마세요. 하나님께서 곧 주실 것입니다."

아이들이 고개를 숙이자 뮬러는 간절히 기도드렸다.

그 기도가 막 끝나자마자 문 두드리는 소리가 나더니, 어떤 낯선 신사가 인부들의 손에 큰 통 몇 개를 들려 들어섰다. 그는 말했다.

"뮬러 선생님, 오래 전부터 무엇인가 도와 드리려고 생각했는데, 오늘에야 이것을 가지고 왔습니다."

그 통들 속에는 빵, 야채, 고기 등의 음식이 가득 들어 있었다. 빈 접시를 놓고 기도를 드렸던 뮬러의 믿음은 실로 놀라웠다.

 예화와 관련된 말씀

너희가 내 이름으로 무엇을 구하든지 내가 행하리니 이는 아버지로 하여금 아들로 말미암아 영광을 받으시게 하려 함이라 (요 14:31).

06 | 믿음의 승리

나폴레옹(Napoleon)이 유럽을 침공했을 때였다. 그의 휘하에 있는 군대가 오스트리아의 국경 도시인 펠드리히를 포위하였다. 머지않아 펠드리히는 나폴레옹의 프랑스 군대에게 점령당하게 되었다.

그때, 펠드리히 시의회 의원들은 비상의회를 소집하였다. 그리고 이 사태를 논의하였다. 미리 항복하자는 의견이 나오자 한 사제가 일어나 말하였다.

"우리의 힘을 의지한다면 질 수밖에 없습니다. 그러나 하나님은 우리를 구해주실 수 있으십니다. 부활절인 오늘은 예정대로 교회 종을 치고 예배를 드립시다. 그리고 나머지 문제는 모두 하나님께 맡겨버립시다."

그 사제의 말에 시의회 의원들은 모두 찬성하였다. 펠드리히 시에는 우렁찬 종소리가 울리고, 기쁨에 찬 찬송 소리가 퍼져나갔다.

이때, 나폴레옹의 귀에는 승리의 함성 같은 찬송 소리가 들려 왔다. 이 소리를 들은 프랑스군 진영에서는 오스트리아의 구원병이 온 것이 틀림없다고 판단하여 군대를 돌려 다른 곳으로 퇴각하였다.

"퇴각하라!"

하나님께서 나폴레옹의 군대를 물리쳐 주신 것이다.

펠드리히 시민들은 적군들에게 포위를 당한 어려움에서 하나님의 도우심을 구하였다.

하나님만을 전적으로 신뢰함으로써 막강한 나폴레옹의 군대를 맞아 승리할 수 있었다.

"프랑스의 군대를 물리쳐주신 하나님을 찬양합시다."

하나님만을 의지하고 그분께 모든 것을 맡기는 믿음은 이런 위대한 역사를 이루어낸다.

 예회와 관련된 말씀

날마다 우리 짐을 지시는 주 곧 우리의 구원이신 하나님을 찬송할지로다(셀라)(시 68:19).

07 | 바하의 하나님께의 영광

요한 세바스챤 바하(*Johann Sebastian Bach*)는 1685년 3월 23일 독일 투링기아 주 아이센나흐에서 출생했다. 같은 시대의 유명한 헨델보다 2주일 정도 늦게 태어난 것이다.

그의 일생에 있어서 가장 큰 명예를 얻게 한 것은 라이프치히에 있는 동안 작곡한 종교에 관한 곡들이었다.

이 기간 중에 바하는 수많은 성가, 칸타타와 수난음악을 만들었다. 하나님께서 그에게 음악적인 감동을 주셨다.

엄격한 루터교 신자였던 그는 자신의 음악을 하나님의 영광과 연결시켰다. 그는 늘 '모든 음악의 유일한 목적은 하나님께 영광을 돌려보내고, 사람에게 즐거운 감정을 솟아나게 하는 것이다.' 라고 했다.

바하는 음악의 근원을 하나님께 있다고 믿었다. 음악을 주의 영광을 위해 쓰지 않으면 안 된다고 믿었다. 나아가 누구든지 못 박혀 돌아가신 구주만 믿으면 구원 얻게 된다는 것을 굳게 믿었다.

하나님께 영광이라는 그의 음악사상은 '마태수난곡'에 여실히 나타나게 되었다.

이 곡에다 자신의 믿음과 확신을 담았다. 모든 예술의 최고 목적을 달성한 것이라는 평가를 받는 작품이 된 것이다.

이 곡은 하나님께서 그에게 친히 계시하셨다는 것을 보여 준다. 즉 주님께서 받으신 고난에 대한 음악적인 묘사는 십자가를 지고 갈보리 산으로 향해 가신 예수님의 사랑에 대한 감격을 나타낸다.

그가 만일 자기 생애에서 하나님께 대한 믿음이 이처럼 강렬하지 않았더라면 자신의 경건한 감정을 그의 음악에 나타내지 못했을 것이다.

 예화와 관련된 말씀

예수 그리스도로 말미암아 의의 열매가 가득하여 하나님의 영광과 찬송이 되기를 원하노라(빌 1:11).

08 | 우표 책의 약속

죠지의 할머니는 그에게 우표 책을 보내 주시겠다고 하였다. 그렇지만 약속하신 날이 지나도 우표 책은 보내오지 않았다. 그런데 친구가 와서 죠지의 물건을 볼 때마다 그는 이렇게 말하였다.

"우리 할머니가 나에게 우표 책을 주셨어. 지금 우편으로 오고 있는 중이야."

그러자 그의 어머니는 이상해서 물었다.

"죠지야, 넌 할머니에게 우표 책을 받지도 않았는데 왜 친구한테 그렇게 말하니?"

그러자 죠지는 아주 당당하게 대답했다.

"엄마, 할머니가 이미 약속하셨는걸요. 그건 제가 이미 받은 거나 같다고요."

그러나 한 달이 지나도 우표 책은 여전히 오지 않았다. 하루는 그의 어머니가 그에게 말하였다.

"죠지야, 할머니가 이미 그 약속을 잊어버리신 것 같구나." 그러나 죠지는 아랑곳하지 않았다.

"아니에요 엄마. 잊어버리실 리 없어요. 그리고 엄마, 나 지금 할머니께 감사의 편지를 쓰면 어떨까요?"

죠지가 편지를 보낸 후에 오래지 않아 답장이 왔다.

"사랑하는 손자야, 네가 원하는 모양의 우표 책을 이곳에서는 살 수가 없어서 뉴욕에 우편 주문을 했단다. 그러나 보내온 것이 너무 오래 돼서 다시 시카고에 우편 주문을 했다. 너를 사랑하는 할머니로부터."

편지를 다 읽고 승리에 찬 목소리로 엄마에게 말했다.

"엄마, 제가 말했죠? 할머니가 약속한 것은 제가 이미 받은 것과 같다고요."

죠지가 우표 책을 받으리라고 깊이 믿은 것은 할머니의 약속을 믿었기 때문이었다. 그리고 오래지 않아 그 믿음은 사실이 되었다.

 예화와 관련된 말씀

어떤 사람은 말하기를 너는 믿음이 있고 나는 행함이 있으니 행함이 없는 네 믿음을 내게 보이라 나는 행함으로 내 믿음을 네게 보이리라 하리라(약 2:18).

09 | 겨자씨 만한 믿음

페르시아의 유명한 장군이자 대왕이었던 다리우스 (*Darius*) 황제가 구라파를 정복하기 위해 처음 치른 전쟁은 알렉산더 대왕이 이끄는 군대와의 전쟁이었다.

그때 다리우스 황제는 알렉산더 대왕에게 선전포고를 하면서 병사를 통해 선물을 하나 보냈다.

"이걸, 알렉산더에게 가져다 주게."

병사는 선물을 들고 알렉산더 진영으로 갔다. 그 선물은 참깨가 잔뜩 들어 있는 부대였다.

다리우스 황제는 그의 군대가 이렇게 많으니 너희는 승산 없는 싸움을 하지 말고 항복하라는 의미에서 그 참깨를 보냈다.

깨가 가득 들어 있는 부대를 받은 알렉산더 대왕은 그 의미를 알고 답장으로 작은 봉투에 작은 겨자씨 하나를 넣어서 다리우스 황제에게 보냈다.

그 선물에는 이런 의미가 담겨져 있었다.

"우리가 작다고 우리를 무시하지 말라. 우리는 무섭고 놀라운 생명력을 가지고 있다. 우리는 거칠다. 우리는 너희들을 충분히 맞이해서 싸울 준비가 되어 있다."

그리고 결국은 알렉산더가 승리했다.

겨자씨만한 믿음, 산을 옮길만한 믿음, 세상이 감당치 못할 큰 믿음으로 하나님의 기적과 역사를 이루어가길 바란다.

 예화와 관련된 말씀

이르시되 너희 믿음이 작은 까닭이니라 진실로 너희에게 이르노니 만일 너희에게 믿음이 겨자씨 한 알 만큼만 있어도 이 산을 명하여 여기서 저기로 옮겨지라 하면 옮겨질 것이요 또 너희가 못할 것이 없으리라(마 17:20).

10 | 영혼을 위한 아이스크림

한 아버지가 가족을 데리고 식당에 갔다. 식사를 하기 전에, 여섯 살 난 아들이 기도했다.

"음식을 주셔서 감사합니다. 엄마가 아이스크림을 사 주신다면 더욱 감사하겠습니다. 아멘!"

한참 웃고 있는데 가까이 있던 부인이 화가 나서 말했다.

"이 나라가 이래서 틀렸어. 요즈음 애들은 기도를 어떻게 하는지 조차 모른단 말이야. 하나님께 아이스크림을 달라고 기도하다니!"

아들은 여인이 말하는 것을 듣고는 울음을 터트렸다. 바로 그때에 노인 한 분이 옆으로 지나가다가 아이에게 윙크를 하며 속삭였다.

"저 부인이 하나님께 아이스크림을 달라고 기도해 본 적이 없다니 정말 안 되었구나. 가끔 아이스크림을 조금 먹는 것은 영혼에 유익하단다."

후식이 나왔을 때, 소년은 자기 아이스크림을 집어 들고 그 부인의 식탁으로 가서 아이스크림을 부인 앞에 놓았다.

그리고는 활짝 웃으면서 말했다.

"때때로 아이스크림은 영혼에 좋대요, 그런데 제 영혼은 이미 좋거든요. 이것은 아주머니가 잡수세요."

이 어린 소년은 예수께서 마태복음 18장에서 말씀하신 이기심이 없는 겸손함을 보여주었다.

제자들이 "천국에서는 누가 크니이까?"라고 묻자 예수님은 우리는 어린아이들과 같은 겸손과 믿음을 열심히 배워야 한다고 말씀하셨다(1~4절).

 예화와 관련된 말씀

이르시되 진실로 너희에게 이르노니 너희가 돌이켜 어린 아이들과 같이 되지 아니하면 결단코 천국에 들어가지 못하리라 그러므로 누구든지 이 어린 아이와 같이 자기를 낮추는 사람이 천국에서 큰 자니라(마 18:3,4).

11 | 하나님 제일주의의 신앙

소련이 공산주의가 한창 위세를 떨치고 있을 때의 이야기이다. 신실한 기독교인들이 은밀하고 깊숙한 창고에 모여 예배를 드리고 있는데, 갑자기 창고 문을 요란하게 두드리는 소리가 났다.

겁에 질린 교인들은 마침내 모든 것을 포기하는 체념과 함께 단단히 마음을 가다듬고 문을 열어 주었다. 아니나 다를까 소련군인 두 명이 기관단총을 들이대고 뛰어들었다.

"꼼짝 말고 손을 들어라! 너희들이 이곳에서 모인다는 소식을 벌써부터 듣고 있었다. 너희들은 이제 끝장이다. 그러나 지금이라도 살기를 원한다면 이곳을 빠져나가라. 나가는 자는 스스로 기독교인임을 거부한 줄로 알고 살려 주겠다. 그러나 남은 자들은 다 죽을 각오를 하라. 모두 사살하겠다."

군인들의 이 서슬 푸른 기세에 더러는 일어서서 슬금슬금 빠져나갔다. 하지만 많은 교인들이 요동 없이 담담히 앉아 있었다.

생사의 갈림길에 대한 선택이 끝나고 난 다음, 그 군인들은 문을 안으로 걸어 잠그고 이렇게 말했다.

"여러 성도들이여! 용서하십시오. 여러분들이야말로 참 기독교인입니다. 우리 또한 기독교인입니다. 같이 예배를 드리려고 찾아왔는데, 행여 이 안에 비기독교인이나 첩자가 있을지 몰라서 그들을 내보내기 위해 한 짓이니 용서해 주십시오. 이제 가짜들은 다 나갔으니 안심하며 예배를 드리십시오."

그들은 낮은 자세로 무릎을 꿇었다. 순교를 각오하고 그 자리에 남았던 참된 신앙의 사람들은 뜨거운 감사의 기쁨으로 감격의 눈물을 흘리며 얼싸안고 예배를 드렸다.

시험과 환난의 강한 바람 앞에서, 알곡과 쭉정이는 서로 구별될 수밖에 없다는 사실을 증명한 사건이었다.

 예화와 관련된 말씀

> 손에 키를 들고 자기의 타작 마당을 정하게 하사 알곡은 모아 곳간에 들이고 쭉정이는 꺼지지 않는 불에 태우시리라(마 3:12).

12 | 환경을 극복한 믿음

1858년 뉴욕의 어느 가정에서 한 아이가 태어났는데, 그 아이는 어려서 소아마비를 앓아 다리를 절었고 시력도 극도로 나빴다.

게다가 천식까지 앓아서 앞에 있는 촛불을 끌힘도 없는 호흡 곤란을 가지고 있었다.

가까스로 생명을 연장하여 드디어 열한 살이 되던 날 아버지는 이 아이에게 이런 말을 해 주었다.

"아들아, 네가 가진 장애는 장애가 아니란다. 네가 만약 전능하신 하나님을 참으로 신뢰하고 믿는다면, 그리고 하나님의 도우심이 너와 함께 한다면, 오히려 너의 장애 때문에 모든 사람이 너를 주목할 것이고 너는 진실로 역사에 신화 같은 기적을 남기는 놀라운 삶을 살 수 있단다."

그 후 그는 하버드대학교를 졸업하고 23세가 되던 해에 뉴욕 주를 대표하는 의회의 의원이 되었고, 28세에는 뉴욕 시장 선거에 출마했다.

얼마 후에는 뉴욕 주지사가 되고, 부통령을 거쳐 미국 역사의 가장 어두웠던 시절에 미국의 신화를 재건하는 대통령이 되었다.

1906년에 노벨 평화상까지 수상하였던 이 사람이 바로 미국의 26대 대통령 데오도르 루즈벨트(Theodore Roosevelt)이다.

예화와 관련된 말씀

무릇 하나님께로부터 난 자마다 세상을 이기느니라 세상을 이기는 승리는 이것이니 우리의 믿음이니라(요일 5:4).

믿음이 없이는 하나님을 기쁘시게 하지 못하나니 하나님께 나아가는 자는 반드시 그가 계신 것과 또한 그가 자기를 찾는 자들에게 상 주시는 이심을 믿어야 할지니라(히 1:6).

13 | 3일만 참자

어떤 마을에 꽃을 파시는 할머니가 계셨다. 이 분은 가난하셨다. 그래서 입고 계신 옷도 늘 허름했다. 또 고생을 많이 하셨는지 손마디도 굵고 거칠었다.

그러나 얼굴만큼은 늘 웃음꽃이 활짝 피어 있었다. 그래서 사람들은 그 할머니를 보고서 "행복한 할머니"라고 불렀다. 하루는 행복한 할머니에게 어떤 사람이 물었다.

"할머니, 무슨 좋은 일이 그렇게 많으시기에 늘 싱글벙글하십니까?"

그러자 할머니가 웃으시면서 이렇게 대답하셨다.

"예, 이 나이에 어찌 늘 좋은 일만 생기겠습니까? 그러나 내게는 행복을 지키는 한 가지 비결이 있답니다.

나는 힘들고 어려울 때마다 예수님을 생각합니다. 예수님은 십자가에 달리셨다가 사흘 만에 다시 살아나셨습니다.

그래서 나도 힘들고 어려운 일이 있을 때는 늘 마음속으로 이렇게 속삭인답니다.

'사흘만 기다리자! 믿음으로 삼일만 참고 견디자!' 그러면 내 마음이 평안해 진답니다."

고통이 긴 것처럼 보여도 삼일만 믿음으로 견디면 된다는 것이다. 우리 인생이 긴 것 같아도 삼일이다.

두려워하지 말자. 잠시 잠간이면 다 지나 간다. 그리고 부활의 아침이 온다.

 예화와 관련된 말씀

두려워하지 말라 내가 너와 함께 함이라 놀라지 말라 나는 네 하나님이 됨이라 내가 너를 굳세게 하리라 참으로 너를 도와 주리라 참으로 나의 의로운 오른손으로 너를 붙들리라(사 41:10).

14 | 고문을 극복한 아들

 루마니아 공산당들이 목사 한 분을 잡아와서 예수를 부인하고 공산당을 지지하라고 심한 고문을 가했다.

 그러나 그 목사님은 극심한 고문을 참으면서 예수님을 부인하지 않았다.

 악독해진 공산당들은 그 목사의 아들인 14살 난 알렉산더라는 아이를 데려왔다.

 이 아이를 아버지 앞에 세워 놓고 말로 표현할 수 없는 고통을 주면서 아버지가 항복할 때까지 계속하겠다는 것이다.

 아이의 참혹한 광경을 본 목사님은 견딜 수 없어서 "내 아이에게 더 이상 고통을 주지 마시오. 내가 항복하겠소."라고 했다.

 이 말을 들은 아들은 고개를 쳐들고 사력을 다하며 부르짖었다.

 "아버지, 아버지가 예수님을 부인하여 내가 산다고 하더라도 예수님을 부인한 목사 아들이란 말을 듣기는 싫어요. 아버지, 예수님을 부인하지 말아 주세요."

이 부르짖음을 들은 아버지는 아들의 믿음에 용기를 얻어서 다시 공산당을 욕하고 주님을 따르기로 결심했다.

화가 치솟은 공산당들은 어린 알렉산더를 더 심하게 매질하여 숨지게 하고 말았다.

 예화와 관련된 말씀

나는 선한 싸움을 싸우고 나의 달려갈 길을 마치고 믿음을 지켰으니(딤후 4:10).

15 믿음 있는 사람, 믿음 없는 사람

 어느 백화점 식품 영업부에서 소비자 소비심리 행태 조사를 실시하였다. 실험은 매우 단순한 것이다. 똑같은 10평 넓이의 쇼윈도 위에, 똑같은 시금치 100단을 준비하였다. 그리고 A 코너 위에는 100촉 짜리 전구를 10개 켜 두고, B 코너 위에는 100촉 짜리 전구 6개를 켜 두었다. 3시간 후 판매 실적을 조사하였다. 그 결과가 어떠했을까? 그렇다.

 100촉 짜리 전구 10개를 켜 놓은 A 코너 쪽 시금치가 90단이 팔렸고, 100촉 전구 6개를 켜 놓은 B 코너 쪽 시금치는 70단이 팔렸다. 이 간단한 실험 결과가 말해 주는 것이 무엇인가?

 사람들은 밝은 것을 좋아한다. 밝은 쪽 시금치가 어두운 쪽 시금치보다 훨씬 싱싱하고 맛있어 보인다는 것이다. 사람도 그렇다. 믿음이 있는 사람과 믿음이 없는 사람의 차이도 꼭 이와 같다고 생각한다.

 믿음이 없는 사람은 부정적이기 쉽다. 어둡고, 비판적이고, 게으르고, 우울하기 쉽다. 확신이 없으니 항상 불안하다. 그러므로 믿음 없는 사람의 분위기는 한 마디로 어둡다.

믿음 있는 사람은 긍정적이다. 환난을 당하나 찬송한다. 절망 속에서도 소망을 잃지 않는다. 웃음, 여유, 부지런함, 청결, 깨끗함, 자유, 넉넉함이 깃들어 있다. 그러므로 믿음 있는 사람의 분위기는 한 마디로 밝다.

사람은 본능적으로 어두컴컴한 것을 싫어한다. 밝고 청결한 것을 좋아한다. 더러운 하수도 진창내 나는 어둡고 음산한 길을 좋아 할 사람이 어디 있는가? 사람은 꽃 피고, 싸리비로 정갈하게 쓸어낸 길을 좋아한다.

믿음 있는 사람과 믿음 없는 사람의 차이가 이와 같다. 그러므로 믿음 없는 사람 곁에는 사람들이 하나 둘 떠나간다. 그러나 겨자씨 만한 믿음이라도 믿음 있는 사람 곁에는 사람들이 하나 둘 꾸준히 모여든다. 그리하여 그 모여 든 사람들이 마음을 하나로 합력하여 놀랍고도 위대한 일을 이루어 내는 것이다.

 예화와 관련된 말씀

사람이 마음으로 믿어 의에 이르고 입으로 시인하여 구원에 이르느니라(롬 10:10).

16 | 믿음으로 살리라

 세계 제 2차 대전이 끝난 이후부터 유태인들은 그들의 중요한 절기인 유월절 행사에는 아니마밈의 노래를 부른다. 악명 높은 아우슈비츠 수용소에서 작사 작곡되어 그곳에서 애창된 노래이다.

 600만 명의 유태인을 무참히 죽인 아우슈비츠 수용소. 그 속에서 죽음을 앞에 두고 유대인들이 부르며 위로를 받았던 노래로써 내용은 이렇다.

 '나는 믿는다. 나의 메시아가 나를 돕기 위하여 반드시 나를 찾아오리라는 사실을 믿는다.'

 아주 간단한 가사를 반복해서 부르는 찬송이다.

 그런데, 어떤 때 자신의 동료들이 그대로 끌려가서 가스실로 나가는 것을 본다. 죽음을 향해서 끌려가는 그 모습을 볼 때는 너무 마음이 아파서 그들은 이 찬송 뒤에 한 절을 더 넣어서 불렀다.

 '그런데 때때로 메시아는 너무 늦게 오신다.'

 그러나 한 외과 의사는 절대로 그 마지막 가사를 부르지 않았다. 그는 확실히 메시아에 대한 믿음을 가지고 있었기 때문이다. 그리고 그는 늘 단정히 행하고, 죽음을 앞둔 시간이지만 유리 조각으로 면도를 해가면서 몸과 마음을 단정하게 하고 끝까지 견디어 믿음으로 섰다.

마침내 그는 죽지 않고 수용소를 나오게 되었다. 나오면서 그는 마지막 절을 고쳐 불렀다.

'그런데, 사람들은 너무 서두른다. 너무 서둘러서 믿음을 포기할 때가 많다.'

'사람들은 너무 서두른다. 그래서 믿음을 포기하는 자가 많다.'

예화와 관련된 말씀

이르시되 너희 믿음이 작은 까닭이니라 진실로 너희에게 이르노니 만일 너희에게 믿음이 겨자씨 한 알 만큼만 있어도 이 산을 명하여 여기서 저기로 옮겨지라 하면 옮겨질 것이요 또 너희가 못할 것이 없으리라(마 17:20).

17 | 외줄 수레를 탄 소녀

　미국과 캐나다의 국경 지대에는 세계적으로 유명한 나이에가라 폭포가 있다. 어느 짓궂은 곡예사가 이 폭포 위의 양쪽 벼랑에 가느다란 쇠줄을 걸어 놓고 이쪽 끝에서 저쪽 끝까지 줄을 타는 묘기를 몇 번이나 보여 주었다.
　강가에 있던 수많은 구경꾼들은 그에게 찬사를 보냈다. 이번에는 외바퀴 수레를 줄 위에 놓고 붙들고 왔다 갔다 했다. 많은 사람들은 손에 땀을 쥐고 구경하며 감탄사를 연발하기에 이르렀다.
　마지막에 그는 군중들에게 물었다.
　"제가 다시 한 번 더 이 줄 위를 가려고 하는데 여러분들 생각에 가능하다고 생각하십니까?"
　지금까지 몇 번이나 보여 주었기 때문에 다들 가능하다고 박수를 보냈다. 그랬더니 그 재주꾼은 군중들을 향해서 물었다.
　"그러면 여러분 중에 어느 한 분이 이 수레에 올라타십시오."

한 사람도 일어나려 하지 않았다. 지금까지 박수를 치던 사람들은 내가 언제 그랬느냐는 듯이 누구 한 사람도 그의 재주를 믿고 선뜻 나서는 사람이 없었던 것이다.

그런데 어린 여자아이 하나가 손을 번쩍 들며 자신 있게 나왔다.

"제가 올라갈래요."

어린 꼬마는 수레에 성큼 올라앉았다. 그러더니 신나는 듯이 줄을 타는 것이었다. 구경꾼들은 대단히 놀라워했는데 알고 보니 그 아이는 재주꾼의 딸이었다. 어린이는 아버지를 믿었기에 외줄 수레를 탈 수 있었다.

 예화와 관련된 말씀

> 믿음의 주요 또 온전하게 하시는 이인 예수를 바라보자 그는 그 앞에 있는 기쁨을 위하여 십자가를 참으사 부끄러움을 개의치 아니하시더니 하나님 보좌 우편에 앉으셨느니라(히 12:2).
>
> 네가 하나님은 한 분이신 줄을 믿느냐 잘하는도다 귀신들도 믿고 떠느니라(약 2:19).

18 | 이런 교회, 이런 신자

 1892년 여름 인천에서 선교활동을 하던 존스(G. H. Jones) 선교사가 강화도에서 이승환 이란 사람을 전도하고 그에게 세례를 주었다. 얼마 후 경주 김 씨 문중의 양반인 김상임이 개종함으로 그 지역 복음화의 발판이 마련되었다.

 당시 서당 훈장인 박능일이 김상임의 개종을 못마땅하게 여겨서 김상임에게 따지러 갔다가 오히려 전도를 당하고 복음을 받아들이게 되었다. 그 후 홍의 마을의 훈장 박능일이 서당 학생 20명과 종순일, 권신일과 함께 교회를 세우게 되었다. 그는 서당 훈장이지만 마을에서 존경받는 사람으로 자기 집에서 예배를 드리기 시작하자 홍의 마을 토착 유지들이 개종을 하고 불과 1년 만에 80명 넘는 사람들이 복음을 받아들였다. 그들은 선교사의 도움 없이 토담집 예배당을 건축하였다. 그 홍의교회 교인들은 스스로 죄인임을 인정하고 검은 옷을 입기 시작했다. 또 성은 조상들이 준 것이니 바꿀 수 없고 이름을 다 바꾸었는데 '우리는 한날한시에 믿었으니 같은 형제요 믿음의 첫 열매라는 뜻으로 한일자(一)를 끝 돌림자로 정했습니다. 가운데 한자는 성경이나 신앙에 있는 글자를 함지에 넣고 제비뽑기를 하여서 이름을 다시 결정했다. 능(能)자가 뽑히면 능일(能一)이 되고, 신(信)자가 뽑히면 신일(信一)이가 되는 것이다. 이외에도 천(天), 광(光), 경(敬), 봉(奉), 순(順) 같은 자를 써서 함에 넣었다. 홍의 마을 훈장이자 첫 교인인 박능일 씨도 그런 식으로 바꾼 이름이었다. 당시 유교적인 사고에서 삼촌과 조카 아버지와 아들이 같은 돌림자를 쓴다는 것 자체가 파격적인 것이고 양반과 상놈 족보를 뛰어 넘는 개명을 한 것이다. 권신일은 박능일이 제물포 교회의 교사로 나간 후 교회를 지키다가 김경일에게 교회를 맡기고 교동도와 서해의 섬 일대에 복음을 전하고 교회를 세웠다. 그의 조카 권혜일도 인접한 섬을 돌면서 복음을 전했다. 이런 전도로 강화도는 6만 8천명 인구에 교회가 200개 세워졌다. 이것이 지금부터 113년 전의 강화도 홍의교회 역사이다. 이교회는 지금 23대 목사인 한성수 목사가 섬기고 있다.

예화와 관련된 말씀

이르되 주 예수를 믿으라 그리하면 너와 네 집이 구원을 받으리라 하고(행 16:31).

19 | 눈물의 요새

우리는 믿음이 얼마나 위대한 역사를 가져 오는지 발견할 수 있다.

이스라엘에는 '맛사다' 라는 군사 요새지가 있는데, 높이가 450미터나 된다. 광야에 우뚝 솟은 마치 기둥과 같은 산이다.

주후 70년경 로마의 티토스 장군이 예루살렘을 함락할 때, 이스라엘 민족이 이곳에서 로마군사와 대치해서 항전했다. 로마의 실바장군이 이끄는 10군단이 이곳을 점령했는데, 토담을 쌓아서 포대가 올라가 수비대의 문을 열고 정복하게 되기까지 무려 3년이나 걸린 곳이다.

이곳에 숨어 지내던 유대인 열성당원 960명이 함락되기 전에 그들에게 잡혀 노예가 되느니 모두 자결하자고 의견을 모아서, 남편이 자기 부인이나 아이들을 다 죽이고, 10명의 남자를 뽑아 그들이 모든 남자를 죽였다.

죽은 아이들과 아내를 품에 안고 가장이 죽어 가는 것이다. 나머지 한 사람이 그들 아홉 사람을 죽이고 마지막으로 자결을 한 것이다. 생각만 해도 아찔하다.

그러므로 이스라엘 사람들은 누구든지 이 '맛사다'를 바라보면 눈물을 흘리며, 이스라엘의 군인이라면 이곳을 다녀오고 또 이곳에서 훈련을 받는다.

 예화와 관련된 말씀

그리스도를 위하여 너희에게 은혜를 주신 것은 다만 그를 믿을 뿐 아니라 또한 그를 위하여 고난도 받게 하심이라(빌 1:29).

20 | 사람의 뜻대로만 될 수 없는 세상

　최초로 인간을 달에 착륙시킨 미국 아폴로 11호 계획은 승무원의 무사귀환을 보장할 수 없는 상태에서 실시됐던 것으로 밝혀졌다.

　영국 BBC 인터넷 판은 10월 미국립문서보관소에서 보관해 오다 최근 비밀이 해제된 문서를 이용해 다음과 같이 전했다.

　지구무사귀환이 불가능 할 경우를 대비한 당시 미 항공우주국(NASA)의 대책은 달착륙선과 교신을 끊고 달에 도착한 승무원들이 서서히 죽어가거나 스스로 목숨을 끊도록 방치하는 것이 고작이었다고 한다.

　당시 닉슨 대통령은 이런 비극이 발생할 것에 대비해 추모연설까지 준비해 두었다고 한다.

　하지만 닉슨의 추모문은 아폴로 11호가 1969년 7월 20일 달 표면 '고요한 바다'에 착륙해 22시간동안 임무를 마치고 지구로 귀환함에 따라 30년간의 비밀에 부쳐졌다고 BBC 인터넷 판은 전했다.

하지만 '아폴로 11호'의 우주비행사는 달 표면에 도착해서 하나님을 찬양했다고 한다.

믿음이 있는 한 희망은 있는 것이다(*As Long as there is believe, there is hope*).

 예화와 관련된 말씀

> 예수께서 대답하여 이르시되 내가 진실로 너희에게 이르노니 만일 너희가 믿음이 있고 의심하지 아니하면 이 무화과나무에게 된 이런 일만 할 뿐 아니라 이 산더러 들려 바다에 던져지라 하여도 될 것이요(마 21:21).

21 | 모든 사정을 아시는 주님

영국의 유명한 목사인 스펄전이 부흥회를 마치고 기차를 타고 돌아오고 있었다. 그는 차표검사 중에 자기의 차표와 지갑, 신분증을 다 잃어버렸다는 것을 알았다.

그래서 주위를 두리번거리고 있는데 옆에 있던 사람이 왜 그러냐고 물었다. 그는 차표를 잃어버렸다고 했다.

그리고 스펄전은 "하지만 하나님이 저의 사정을 다 아시니까 걱정하지 않습니다."라고 말했다.

그때 승무원이 다가와서는 스펄전 옆에 앉아 있는 사람에게 정중히 인사를 하고는 이런 저런 이야기를 하더니 그냥 지나가는 것이었다. 목사님이 이상히 여겨 옆에 앉은 사람에게 물었다.

"왜 내 차표검사를 안하지요?"

그는 "하나님이 당신을 위해 나를 여기 앉게 하신 것 같습니다. 나는 이 기차의 총 관리인입니다."라고 대답했다.

"하나님은 모든 것을 다 하실 수 있습니다.

성도여, 그대가 전능하신 하나님의 대양(大洋)을 다 마셔

비울 때까지 혹은 높이 치솟은 전능하신 그 능력의 산들을 산산조각으로 부수어 놓을 때까지, 그대는 결코 두려워할 필요가 없습니다. 인간의 힘은 하나님의 힘(능력)을 절대로 이길 수 없습니다.

지구를 그 궤도에서 돌게 하시는 바로 그 같으신 하나님께서 그대에게 매일매일 힘을 주시겠다고 약속하셨습니다."
(*Morning by Morning : meditation for daily living* 찰스 H. 스펄전著)

 예회와 관련된 말씀

나의 생명이 항상 위기에 있사오나 나는 주의 법을 잊지 아니하나이다(시 119:109).

22 | 탁자에 올려놓을 수 없는 예수님

옛 소련의 쟈부르스키라고 하는 군인이 있었다. 그는 깡패 출신의 포악한 사람이다. 그가 예수를 믿고 새사람으로 변화되자, 그 사회에서 예수를 믿는 것은 손해밖에 없다는 것을 잘 알면서도 만나는 사람마다 예수님 이야기를 전했다.

군대 상관이 그를 불렀다. 예수만 부인하면 계급도 올려주고 돈도 벌 수 있게 해 주겠다고 제의했지만 쟈부르스키는 듣지 않았다. 그러자 그 상관이 쟈부르스키에게 자기의 과거 경험담을 털어 놓았다.

"우리 부대에 너와 비슷한 사람이 한 사람 있었다. 그는 목에 십자가를 항상 걸고 다녔어. 내가 한번은 그를 불렀네. 그리고 둘이서 이야기를 오래 했다네. 이야기를 다 끝마치자 그 친구는 목에 걸고 있던 십자가를 끌러 탁자 위에 놓더니 다시는 십자가를 목에 걸지 않겠다고 하더군. 그리고는 공산당 입당원서를 달라고 하더니 거기에 자기 이름을 쓰고 공산당에 입당했다네. 그 후로 아주 자랑스러운 공산당원이 되었다네."

상관의 설득은 달콤했다. 그러나 쟈부르스키는 이렇게 대답했다.

"사실 저도 목에 건 십자가를 벗어 놓을 수는 있습니다. 그러나 예수님이 그런 십자가에 계시지 않고 제 마음에 계시는데 어떻게 합니까? 저도 예수님을 탁자 위에 올려놓을 수 있습니다. 그러나 만약에 그렇게 하는 것은 내 생명에 종말을 의미하는 것이며 제 마음을 칼로 도려내는 것과 같습니다. 그러므로 목에 건 십자가는 탁자 위에 올려놓을 수 있어도 내 마음에 계시는 예수님을 탁자 위에 올려놓을 수는 없습니다."

믿음은 취사선택의 문제가 아니다. 이것은 가치의 문제요 생명의 문제이다.

 예화와 관련된 말씀

몸은 죽여도 영혼은 능히 죽이지 못하는 자들을 두려워하지 말고 오직 몸과 영혼을 능히 지옥에 멸하실 수 있는 이를 두려워하라(마 10:28).

23 | 엘리자베스 여왕

영국의 왕이 아들이 있어야 상속을 하는데 아들을 낳지 못했다. 아들이 없는 이 왕실의 계보를 할 수 없이 딸로 이었다. 그 딸이 엘리자베스이다.

딸이 이런 고백을 했다.

"나는 예수님과 결혼했다. 영국을 위해서 나는 평생 처녀로 살기로 결심했다."

25살에 영국의 여왕이 된 엘리자베스 1세는 45년 동안 영국과 프랑스가 1329년부터 100년 동안 전쟁을 한다.

이 전쟁에서 프랑스에게 패배하여 그 후 작은 섬나라가 되었다. 대륙의 모든 땅을 다 뺏겨 이제는 대륙을 넓힐 소망이 없어졌다.

그런데 이 엘리자베스 여왕이 아들을 낳지 못하고 아들이 없다는 것 때문에 탄식할 것이 아니라 주님과 함께 결혼하고 영국을 위해서 평생을 살기로 하나님께 소원했다. 엘리자베스 여왕은 교회를 옹호했다.

특별히 신교도인 개신교를 옹호했다. 신교도와 구교도의

계속적인 다툼과 전쟁 속에서 "나는 성경 편에 서 있다. 나는 하나님 말씀 편에 서 있다. 그래서 나는 개신교 편이다."

아주 단호하게 선포하고 주님과 결혼하기로 하고 갈라디아서 2장 20절을 수없이 많이 읽었다고 한다.

결국 그는 하나님께서 그에게 축복을 주셔서 그 강력한 15세기에 스페인의 무적함대를 멋지게 부셔버리고 사실상 영국 바다의 패권을 잡게 되었다.

그래서 작은 섬나라 영국이 해가 지지 않는 대 영국 제국으로 만들어 놓은 것은 하나님이 그를 붙잡은 섭리였다.

예화와 관련된 말씀

내가 그리스도와 함께 십자가에 못 박혔나니 그런즉 이제는 내가 사는 것이 아니요 오직 내 안에 그리스도께서 사시는 것이라 이제 내가 육체 가운데 사는 것은 나를 사랑하사 나를 위하여 자기 자신을 버리신 하나님의 아들을 믿는 믿음 안에서 사는 것이라(갈 2:20).

24 | 눈이 위에 달린 이유

웨슬리가 어느 한 시골교회를 방문했다. 그 교회를 담당하고 있던 젊은 목사는 목회문제 때문에 큰 좌절감에 빠져 있었다.

웨슬리가 이 젊은 목사와 함께 기도를 하고 나오는데 마침 외양간에 소가 있어 바라보니 소는 고개를 한껏 쳐들고 외양간 벽을 올려다보고 있었다.

웨슬리는 젊은 목사에게 이렇게 물었다.

"저 소가 어째서 고개를 들고 있는 아십니까?"

"글쎄요... 잘 모르겠네요."

젊은 목사는 소가 고개를 들고 있는 이유를 생각해 보았으나 도저히 알 수 없었다.

웨슬리는 젊은 목사의 어깨에 손을 얹으면서 이렇게 말했다.

"벽이 있기 때문이죠, 사람도 앞에 벽이 있으면 고개를 들어야 합니다. 눈이 제일 위에 있는 것은 빨리 눈을 위로 들어 보기 위함입니다."

어려울 때일수록 믿음을 가져야 한다. 믿는다는 것은 앞에 벽이 있다고 체념하는 것이 아니라, 벽이 있기 때문에 위를 바라 볼 수 있는 것이다.

 예화와 관련된 말씀

믿음으로 모든 세계가 하나님의 말씀으로 지어진 줄을 우리가 아나니 보이는 것은 나타난 것으로 말미암아 된 것이 아니니라(히 11:3).

25 | 믿음의 눈

어느 교회 건축현장에서 세 벽돌공이 땀을 뻘뻘 흘리며 벽돌을 쌓고 있었다.

그때에 지나가던 행인이 "당신은 지금 무엇을 하고 있습니까?"라고 물었다.

첫 번째 벽돌공은 "보시다시피 벽돌을 쌓고 있지요."라고 대답했다.

두 번째 사람은 "하루치 9달러 50센트 돈벌이를 하고 있답니다. 처자식을 먹여 살려야 하니까요."라고 대답했다.

세 번째 벽돌공은 이렇게 대답했다.

"저는 지금 대성전을 짓고 있습니다. 이 성전이 완공되면 이 성전을 통해서 많은 사람들이 희망과 용기를 얻고 하나님을 찬양하겠지요. 아마도 길이길이 정신적 영적 영향을 미칠 위대한 전당이 될 것입니다."라고 대답했다.

이것이 바로 믿음의 눈을 가진 사람의 모습이다.

마지못해 일하는 사람과 즐거움으로 일하는 사람은 그 일에 대한 결과도 다르지만 그들 인생의 결과도 크게 다르게 된다.

이 이야기는 데이비드 슈어츠의 「크게 생각하면 크게 이룬다」는 책에 나오는 이야기이다.

단순히 벽돌을 쌓거나 하루를 살아가기 위해 일당을 버는 사람일 지라도 벽돌을 성의 없게 쌓지는 않을 것이다.

그러나 '나를 통하여 세계 최대의 예배당이 지어지고 있다'는 자부심이 깃들어 있는 경우라면 벽돌 한 장 한 장 쌓아 올리는 그 손길에 얼마나 많은 정성이 들어갈 것인가? 그 결과는 다른 벽돌공들의 것과는 비교할 수 없을 것이다.

 예화와 관련된 말씀

믿음이 없이는 하나님을 기쁘시게 하지 못하나니 하나님께 나아가는 자는 반드시 그가 계신 것과 또한 그가 자기를 찾는 자들에게 상주시는 이심을 믿어야 할지니라(히 1:6).

02
믿음의 분량대로

그러나 내가 너희에게 이르기를 너희는 나를 보고도 믿지 아니하는도다 하였느니라 아버지께서 내게 주시는 자는 다 내게로 올 것이요 내게 오는 자는 내가 결코 내쫓지 아니하리라 (요 6:36, 37).

01 | 믿음의 모험

얼마 전 워싱톤에 있는 조폐공사에 한 관광팀이 도착하여 녹인 주물을 동전의 모형에 부어넣는 과정을 견학하였다.

직공은 한 남자에게 이렇게 제안하였다.

"선생님, 당신이 손을 물에 대고 있으면 제가 이 주물을 붓겠습니다. 그래도 화상을 안 입게 되지요. 한 번 시험해 보실까요?" 그랬더니 "천만에요, 그러나 당신 말은 그대로 믿겠습니다."라고 그 남자는 대답하였다.

그때 그의 아내가 왔으므로 직공은 그녀에게 같은 제의를 했다.

"네, 좋아요"라고 그녀는 선뜻 동의하였다. 실험이 안전하게 끝나자 그 직공은 남편 되는 사람을 돌아보며 이렇게 말했다.

"선생님은 저를 믿는다고 하셨지요. 그러나 사모님은 저를 신뢰하셨답니다."

아내는 직공의 말과 기술을 믿고 대담하게 모험을 한 믿음을 가지고 있었다.

믿음이란 그냥 말로만 믿는 것이 아니며, 그냥 믿어주는 것도 아니다. 믿음은 정말 그렇게 된다고 확신하고 신뢰하여 어떠한 상황이라도 그대로 된다고 확신하는 것이다. 그렇기 때문에 믿음에는 어떤 의심도 불안도 없는 것이다.

 예화와 관련된 말씀

그러나 내가 너희에게 이르기를 너희는 나를 보고도 믿지 아니하는도다 하였느니라 아버지께서 내게 주시는 자는 다 내게로 올 것이요 내게 오는 자는 내가 결코 내쫓지 아니하리라(요 6:36, 37).

02 | 하나님까지 잃어버리면

 기독교 방송 드라마에 맹인 목사인 윤인수 목사의 간증 드라마가 방송된 적이 있다. 중병으로 앓아누워 있는 어머니를 간병하기 위해 어린 소년 윤인수가 길거리에 나가 신문을 팔고 구두 닦기를 시작했다.
 친구의 도움을 받긴 했지만 앞을 보지 못하는 윤인수로서는 여간 힘든 일이 아니었다.
 어느 날 윤인수는 열심히 일을 해서 돈을 벌었다. 기뻐하며 그 돈을 가지고 집으로 돌아와 어머니에게 돈을 내놓았다. 그러자 어머니는 그 돈을 가지고 십일조를 내야 한다고 하였다. 돈을 받아 든 인수는 버럭 화를 내었다.
 "십일조는 무슨 놈의 십일조인가, 하나님이 우리한테 해준 게 뭐가 있단 말인가, 나의 눈은 멀게 했고 엄마는 병들게 했고 공산당에게 쫓겨 피난민 신세가 되게 했고 재산도 다 빼앗기게 한 그런 하나님께 무슨 놈의 십일조를 냅니까?"하며 항변했다.
 그러나 그의 병든 어머니는 어린 아들의 손목을 꼬옥 쥔 다음 "인수야, 고향을 잃어버린 것도 한스럽고 집 잃어버린 것도 원통하고 건강 잃어버린 것도 서러운데 하나님까지 잃어버리고 믿음까지 잃어버리면 뭐가 남겠니?"라고 말했다.

그렇다. 이 이야기는 건강한 삶을 살아가면서 하나님을 멀리하고 감사할 줄 모르는 사람들에게, 그리고 지금 당장 하나님께로 돌아와 잃어버린 믿음을 회복하지 않으면 안 될 절박한 상황에 처한 모든 사람들에게 엄청난 교훈과 신선한 충격을 주고 있다.

하나님께로 돌아올 때 우리 모두는 치료받고 건강한 삶을 누릴 수 있게 되는 것이다.

 예화와 관련된 말씀

도마에게 이르시되 네 손가락을 이리 내밀어 내 손을 보고 네 손을 내밀어 내 옆구리에 넣어 보라 그리하여 믿음 없는 자가 되지 말고 믿는 자가 되라 도마가 대답하여 이르되 나의 주님이시요 나의 하나님이시니이다(요 20:27,28).

03 | 믿음의 눈

 많은 보물을 가지고 있었던 사람이 있었다. 그 사람은 내게 있는 보물은 금과 은보다도 더 좋은 것이고 누구든지 빈 그릇을 가지고 오면 그것을 채워 주겠다고 했다.

 그래서 어떤 사람이 그릇을 가지고 갔다.

 금보다 은보다 더 귀한 것이기에 큰 그릇을 가지고 가면 미안해서 제일 작은 그릇을 가지고 갔다. 주인은 아무 말 없이 가득 채워 주었다.

 두 번째 사람은 그것을 보고 그 사람보다 조금 더 큰 그릇을 가지고 갔다. 주인은 또 아무 말 없이 가득 채워 주었다.

 그것을 보고 있던 세 번째 사람은 그보다 더 큰 그릇을 가지고 갔다. 너무 커서 미안하지만 한 번 가지고 가보자고 생각하고 갔더니 크고 작은 것은 하나도 따지지 않고 또 아무 말 없이 가득 채워 주었다.

 네 번째 사람은 세 번째 사람보다 더 큰 그릇을 가지고 갔다. 역시 가득 채워 주었다.

 그러자 첫 번째 사람이 항의하기를 "왜 다른 사람은 나보다 더 큰 그릇인데 가득 채워 주었습니까?" 라고 했다.

주인은 그 사람에게 "너는 더 줄래야 줄 것이 없지 않으냐? 그만큼 밖에 채워 줄 수 없지 않으냐?"고 대답했다.

 예화와 관련된 말씀

내게 주신 은혜로 말미암아 너희 각 사람에게 말하노니 마땅히 생각할 그 이상의 생각을 품지 말고 오직 하나님께서 각 사람에게 나누어 주신 믿음의 분량대로 지혜롭게 생각하라(롬 12:3).

04 하나님의 동행을 믿는 리빙스턴

검은 대륙 아프리카의 위대한 선교사 데이빗 리빙스톤(D.Livingstone)은 말년에 옥스포드 대학에서 명예박사 학위를 받게 되었다. 학위 수여식에 앞선 예배 시간에 리빙스턴은 학생들 앞에서 자신의 경험담을 얘기하고 있었다.

무덥고 짜증만 나는 한낮이 계속되고, 또 춥고 소름끼치는 그 많은 밤 동안 자신과의 싸움을 계속 했노라는 리빙스턴의 말에 많은 학생들이 고개를 끄덕이고 있었다.

그리고 그는 또 말하기를, 온갖 짐승의 공격과 인디언들의 방해로 당한 고통도 이만저만이 아니었다고 했다. 사실 그의 오른 팔은 사자의 공격으로 불구가 되어 있었다.

연설을 마치자, 한 학생이 손을 들고 일어섰다.

"선생님! 선생님으로 하여금 아프리카 생활을 잘 이겨내도록 한 비결이 있었다면 그것이 무엇이었습니까?"

리빙스톤은 잠시 생각에 잠기더니 입을 열었다.

"내게 있어 비결은 아무것도 없었습니다. 그저 '내가 세상 끝날까지 너희와 항상 함께 있으리라' 하신 예수님의 말씀과 그분의 십자가가 나를 끝까지 붙들어 주었을 뿐입니다."

홍수 이후 하나님께서는 노아와 그의 가족들에게 무지개를 보이시며 새로운 언약, 즉 다시는 그와 같은 홍수가 있지 않을 것이라는 언약을 확증해 주셨다.

노아는 아마도, 그 후로 고난과 역경이 생길 때마다 무지개를 통하여 보여 주신 하나님의 보호하심에 큰 위로를 받고 그것을 이겨 나갔을 것이다.

마치, 리빙스턴이 예수님의 말씀에 위로를 받아 용기를 얻고 아프리카에서의 고난과 역경을 이겼던 것처럼 말이다.

 예화와 관련된 말씀

내가 네게 명령한 것이 아니냐 강하고 담대하라 두려워하지 말며 놀라지 말라 네가 어디로 가든지 네 하나님 여호와가 너와 함께 하느니라 하시니라(수 1:9).

그를 향하여 우리가 가진 바 담대함이 이것이니 그의 뜻대로 무엇을 구하면 들으심이라(요일 5:14).

05 | 생명을 이루는 의

 동유럽의 어느 나라에 공산군이 쳐들어와 때마침 예배를 드리고 있던 교회당을 포위했다. 단 한 사람도 빠져나갈 수 없을 만큼 교회당은 여러 겹의 공산군으로 둘러싸였다.

 장교 한 사람이 차에서 내리더니 예배당 문을 활짝 열었다. 순간 긴장하고 벌벌 떨기만 하였다.

 "예수를 버릴 사람만 밖으로 나가시오! 그리고 예수를 따르기로 작정한 사람은 예배당에 남아 죽음을 기다리시오!" 예배당 안으로 쩌렁쩌렁 울리는 공산군 장교의 명령은 그야말로 저승사자의 목소리였다.

 한두 사람이 예배당 문을 빠져나가기 시작하자 저마다 앞을 다투어 문으로 향했다.

 잠시 시간이 흐르고 예배당에는 이들을 지키던 장교와 열 대명의 신자가 남게 되었다. 장교는 예배당 문을 닫고서 심각한 표정으로 입을 열었다.

 "이제 저들은 죽은 목숨이오. 우리의 계획은 예배당에 있는 모든 사람을 죽이는 것이라오. 나도 그리스도인이오. 차마 당신들마저 죽일 수는 없소. 하나님이 살려주신 목숨이라 생각하고 어서 뒷문으로 도망가시오!"

한편 예배당 밖으로 나갔던 사람들은 트럭에 실려 어디론가 가고 있었다. 하나님을 믿는 의를 우리에게 생명을 주는 그야말로 귀중한 것으로, 이생에서 뿐 아니라 내세에까지 그 생명은 우리를 살리게 될 것이다.

 예화와 관련된 말씀

내가 내 친구 너희에게 말하노니 몸을 죽이고 그 후에는 능히 더 못하는 자들을 두려워하지 말라 마땅히 두려워할 자를 내가 너희에게 보이리니 곧 죽인 후에 또한 지옥에 던져 넣는 권세 있는 그를 두려워하라 내가 참으로 너희에게 이르노니 그를 두려워하라(눅 12:4,5).

06 | 완벽한 의사 예수

 내가 잘 알고 있는 한 의사가 있는데 그는 높은 지식과 겸손하고 비단결같이 고운 마음을 지닌 사람이다. 그런데 그가 오진을 해서 더 살 수 있는 사람이 죽고 말았다.

 이 일로 인하여 마음속에 깊은 상처를 입은 그는 날마다 울고 탄식하며, "나는 의사로서 실패자다. 나는 실패한 사람이다."라고 자신을 학대하여 완전히 자신감을 잃고 말았다. 그렇게 괴로운 생활로 일을 돌보지 않아 마침내 병원문을 닫아 버리고 술로 세월을 보내다가 끝내는 병이 들어 입원하고 말았다. 그는 병원에서도 대화하기를 거절하였고, 심지어는 가족들과도 이야기하지 않았다. 그때 한 목사님이 그를 찾아가 전도하고 이같이 말했다.

 "선생님, 당신은 수많은 환자들을 치료해 주셨지요? 그러면 수많은 사람 중에 한 사람 오진한 것은 한 부분에서 실패한 것이지, 당신 자신이 실패자는 아닙니다. 당신은 훌륭한 의사입니다. 예수님 앞에 나와 용서를 받아 당신 자신을 멸시하지 말고 훌륭한 의사로서의 자부심과 자신감을 가지고 일어나십시오. 결코 낙심하지 마십시오."

목사님은 그를 위해 기도해 주었다. 기도가 끝난 다음 그가 "목사님 정말 저는 실패자가 아닙니까?"라고 조금은 힘 있는 목소리로 물었다.

그래서 그 목사님은 다시 한 번 "그렇습니다. 당신은 실패자가 아닙니다. 훌륭한 의사입니다."라고 격려해 주었다.

그때부터 그는 다시 웃으면서 대화를 시작했으며, 자신감을 회복하고 병원문을 열어 환자들을 돌보았다.

그 후에 그 목사님이 그 병원을 찾아갈 때마다 그는 목사님의 손을 꼭 잡고, "목사님은 내가 재생할 수 있도록 도와주신 은인입니다. 나는 목사님을 통해 예수님을 알게 되었고, 한 부분에서 실패했을 뿐이지 내 자신이 실패자가 아니라는 것을 깨달았습니다."라고 말했다. 그는 지금도 활달하고 유능한 의사로서 많은 사람들을 치료해주고 있다.

 예화와 관련된 말씀

> 그 이름을 믿으므로 그 이름이 너희 보고 아는 이 사람을 성하게 하였나니 예수로 말미암아 난 믿음이 너희 모든 사람 앞에서 이같이 완전히 낫게 하였느니라(행 3:16).

07 | 힐튼호텔 이야기

　미국에 콘라드 힐튼(*Conrad Hilton*)이란 사람이 있는데, 그는 아주 가난한 집의 아들로 태어났다. 그의 아버지는 이 곳 저 곳으로 떠돌아다니는 행상인이었기에 그도 아버지를 따라 이 곳 저 곳으로 떠돌아다니는 행상의 일을 했다.

　그런데 이 곳 저 곳으로 떠돌아다니다 보니 힘든 일이 있었다. 그것은 저녁이 되면 잠자리가 여간 불편한 것이 아니었다.

　그래서 어떻게 하면 낮에 장사를 잘하고 저녁이 되면 편안한 잠자리를 가질까 하는 것이 그의 고민이었다. 그뿐만 아니었다. 어떤 때는 잠잘 처소를 찾지 못해 밤을 지새운 적도 한두 번이 아니었다.

　그러던 중 어느 날 돌아가신 어머님의 생각이 간절했고 어머님의 무릎 위에 앉아서 듣던 성경구절이 생각났다.

　'믿음은 바라는 것들의 실상이요 보지 못하는 것들의 증거니라.'

　그리고 생각하기를 자기처럼 떠돌아다니다가 저녁이 되면

찾아 들어가 피곤한 몸을 쉴 수 있는 호텔사업을 하고 싶다는 생각이 들었다.

믿음은 바라는 것들의 실상이라는 성경말씀을 붙들고, 호텔사업을 해보고 싶다고 기도를 드리기 시작했다.

오직 믿음 하나만 가지고 노력한 끝에 이루어진 것이 오늘날의 힐튼호텔인 것이다. 오늘날 힐튼호텔 체인은 세계 어느 곳을 가도 찾아볼 수 있는 곳이다.

 예화와 관련된 말씀

믿음은 바라는 것들의 실상이요 보이지 않는 것들의 증거니 선진들이 이로써 증거를 얻었느니라(히 11:1,2).

이르시되 너희 믿음이 작은 까닭이니라 진실로 너희에게 이르노니 만일 너희에게 믿음이 겨자씨 한 알 만큼만 있어도 이 산을 명하여 여기서 저기로 옮겨지라 하면 옮겨질 것이요 또 너희가 못할 것이 없으리라(마 17:20).

08 | 긍정적인 믿음

시카고에 대 화재가 나서 온 시가지가 불바다를 이루었을 때의 일이다.

각 신문사의 기자들이 화재현장에 도착해보니 건물들이 모두 불타고 있었고, 더욱이 시가지 한복판에 있던 무디 목사의 교회도 모두 불타버리는 것을 보게 되었다.

기자들이 무디 목사 곁으로 다가가 "목사님, 항상 살아 계신 하나님은 전지전능하셔서 무엇이든지 원하기만 하면 이루어 주신다고 설교 하셨지요? 그런데 왜 하나님께서는 자신의 거룩한 성전인 교회가 불이 타 없어지는 것을 가만 두십니까?"라고 빈정거리며 말하자, 무디 목사는 이렇게 대답했다.

"나는 벌써부터 하나님께 큰 교회를 달라고 기도해 왔소. 그 기도의 응답으로 지금 교회가 불탄 것입니다. 우리가 큰 교회를 헐고 다시 세워야 하는데 하나님께서는 불에 태워서 건물을 허는 비용이 들지 않게 하시는 것입니다."

이 말에 기자들은 어이없어 했다. 왜냐하면 무디 목사는 밤중에 화재를 당하여 잠옷 바람으로 겨우 목숨만 건진 빈 주먹 상태였기 때문이다.

그래서 기자들은 다시 "그럼, 그 큰 교회를 세울 돈은 가지고 있습니까?"하고 물었다. 그러자 무디 목사는 옆구리에 끼고 있던 낡은 성경책을 내놓으면서 대답했다.

"나는 수표와 돈을 가지고 나오지 못했습니다. 그러나 아무리 써도 바닥이 나지 않는 하나님의 금고인 성경책을 가지고 나왔습니다. 그러므로 여러분은 얼마 안 가서 불에 탄 교회보다 더 크고 훌륭한 교회를 볼 것입니다."

무디 목사는 그 화재 이후 영국으로 건너가 전 영국을 뒤흔드는 부흥을 일으켰고, 영국에서는 교회건축을 위해 많은 헌금을 했다. 이렇게 해서 무디 목사는 영국 국민이 바친 헌금으로 화재가 난 자리에 옛날 교회보다 훨씬 크고 아름다운 교회를 지을 수가 있었다.

 예화와 관련된 말씀

> 내가 주께 감사하오음은 나를 지으심이 심히 기묘하심이라 주께서 하시는 일이 기이함을 내 영혼이 잘 아나이다(시 139:14).

09 | 하나님의 영광을 위한 사업

아이언사이드 박사(*Dr Ironside*)는 어렸을 적에 방학 때나 토요일 또는 학교에서 돌아오면, 기독교인이었던 한 스코틀랜드인이 운영하는 구둣방에 나가 일을 하여 홀로 살고 있는 어머님을 도왔다.

그런데 그 주인은 가게의 구석구석에 성경구절을 붙여 놓아 누구든 그곳에 들어서면 하나님의 말씀을 볼 수 있도록 하였다. 어떤 상품도 하나님의 말씀을 증거 하는 내용 없이 손님들에게 전해지지 않았으며 많은 사람들이 그로 인해 구원받기 위해 그를 다시 찾아오곤 했다.

아이언사이드 박사의 일은 구두 밑창을 만들기 위해 가죽을 두드려 펴는 것이었다.

적당한 크기의 소가죽을 잘라 물에 적신 후 완전히 말라 굳어질 때까지 두드려 펴는 것이었다. 한참을 두들기다 보면 온몸의 기운이 모두 없어지곤 했다.

어느 날 그는 기독교인이 아닌 구두장이가 가죽이 마르도록 두드려 펴지도 않은 채 젖은 가죽의 밑창에 못질을 하고 있는 것을 보았다. 그는 "이래야 손님들이 빨리 다시 오게 된단 말이야."하고 말하였다.

그러나 기독교인인 주인은 아이언사이드에게 "나는 50센티나 75센티를 벌기 위해 구두를 만든다고는 생각지 않는단다. 나는 하나님의 영광을 위해서 이 일을 하고 있지.

하늘나라에서는 모든 구두들이 내게로 몰려 올 거야.

난 하나님께서 '댄(Dan), 너는 참 어리석게도 최선을 다하지 않는구나, 하고 말씀하시기를 원치 않는단다."라고 말하였다.

하나님을 믿는다는 것은 이처럼 우리의 삶 속에서도 믿음의 사람으로서 믿음의 행위가 나타나야 하는 것이다.

 예화와 관련된 말씀

너희는 그 은혜에 의하여 믿음으로 말미암아 구원을 받았으니 이것은 너희에게서 난 것이 아니요 하나님의 선물이라 행위에서 난 것이 아니니 이는 누구든지 자랑하지 못하게 함이라(엡 2:8,9).

10 │ 절대온도

물리학에는 절대온도라는 용어가 있다. 이 용어는 −270도씨를 가리킨다. 1660년 영국의 화학자 보일이 발견한 보일의 법칙에 의하면 기온이 1도씨 내려갈 때마다 부피는 약 1/270씩 줄어들게 되며, 기온이 −270도씨, 즉 절대온도에 이르게 되면 부피는 이론상으로 제로가 된다.

한편 금속체의 온도를 절대온도로 낮추게 되면 금속체의 전기적 저항이 사라지게 되는 현상이 나타나게 된다.

이 현상을 이용하면 전력의 소모 없이 많은 전류를 흘릴 수 있어 강력한 자장을 얻어낼 수 있으며 얼마 전 국산화 개발에 성공한 자기 공명 전산화 단층 촬영장치(인체의 어느 한 단면을 진단 촬영하는 기계: $NMR-CT$)는 이 현상을 이용한 고가(수출가격 1대당 약 20억원)의 첨단 전자 의료 기기이다.

우리에게도 절대온도가 필요하다. 우리에게도 우리의 부피를 제로로 만들어 버리는 절대온도가 필요하다. 우리의 절대온도는 몇 도인가?

그것은 물리학적으로는 측정될 수 없는 온도이다. 그러나 다른 용어로는 설명될 수 있다. 왜냐하면 그 절대온도는 바로 하나님과 예수 그리스도와 성령 안에서의 절대신앙, 절대믿음을 의미하기 때문이다.

우리가 절대신앙을 갖게 될 때 우리의 영혼에서 성경의 역사를 방해하는 악마적 저항체들은 사라지게 되며, 대신 강력한 성령의 열매들이 맺혀지게 된다.

이 성령의 열매들은 자기 공명 단층 촬영기보다 더 값비싼 것이다. 왜냐하면 그 열매들은 단순히 진단기기가 아니라 치유와 위로와 변화와 구원과 확증을 주는 것들이기 때문이다.

 예화와 관련된 말씀

> 오직 성령의 열매는 사랑과 희락과 화평과 오래 참음과 자비와 양선과 충성과 온유와 절제니 이같은 것을 금지할 법이 없느니라(갈 5:22,23).

11 | 미생지신

다음은 장자의 「도척편」에서 '미생지신(尾生之信)'이라는 제목으로 소개되고 있는 이야기이다.

노나라에 미생이라는 아주 정직한 사람이 있었다. 그는 남하고 약속만 하면 무슨 일이 있어도 그 약속을 어기는 법이 없는 인물이었다. 그런데 그 사나이가 어느 날 애인과 데이트 약속을 했다.

"내일 밤 개울 다리 밑에서 만나요."라는 약속에 일 분도 어김없이 그는 약속 장소로 나갔다. 여자가 장난삼아 그런 약속을 했는지는 몰라도 하여튼 여자는 그 시간에 그 장소에 나타나지 않았다.

그러나 미생은 앞에서도 말한 바와 같은 성격이었으므로 다소는 이상했겠지만, 여자가 한 말을 믿고 참을성 있게 기다렸다.

그러나 아무리 기다려도 여자는 나타나지 않았다. 그러는 동안에 밀물로 개울물이 점점 불어서 그의 몸은 물에 잠기기 시작했다. 발에서 무릎, 무릎에서 가슴으로 물은 불어가는데, 그는 단념하지 않았다.

나중에는 물이 머리 위까지 올라와 정신없이 교각에 달라붙었으나 그 보람도 없이 결국 그는 익사해 버리고 말았다고 한다.

지나친 이야기인지 모르지만 신의를 지키는 미생의 자세를 우리는 본받아야 할 세상이다.

 예화와 관련된 말씀

그런즉 너는 알라 오직 네 하나님 여호와는 하나님이시요 신실하신 하나님이시라 그를 사랑하고 그의 계명을 지키는 자에게는 천 대까지 그의 언약을 이행하시며 인애를 베푸시되(신 7:9).

12 | 믿음의 단계

1. 믿음은 그 생각을 마음속에서 조심스럽게 형성한다.

   어떤 모양을 만들어 내고 조작하여 이리저리 도자기를 빚듯이 굴린다. 그리고 난 후, 그것이 무엇인가를 자세히 본다.

2. 믿음은 그것을 튼튼히 하여 그 생각이 굳어지게 한다.

   잠재력을 발휘하여 그 생각이 이미 형성되었다. 지금 그것을 단단하게 할 것이다. 당신은 그것을 실행에 옮길 것이며 그것을 목표로 삼아 나아간다.

3. 믿음은 그것을 경작한다.

   그것을 형성하여 굳힌 후에 경작한다. 이 말은 과실을 맺는 성숙을 향한 새로운 성장을 발전시키는 게 당신이 주의를 기울이는 것을 뜻한다.

4. 믿음은 그것을 완성한다.

수확이 다가왔다. 당신은 성공한 것이다. 당신은 상장을 받아 벽에다 걸어놓고 상품도 받았다. 하나님의 은총으로 얻은 수확을 뽐내고 기뻐하라. 당신은 지금 믿음의 길을 걷고 있기 때문에 당신은 보다 큰 성취와 성공과 업적을 기대 한다.

 예화와 관련된 말씀

믿음은 바라는 것들의 실상이요 보이지 않는 것들의 증거니 선진들이 이로써 증거를 얻었느니라 믿음으로 모든 세계가 하나님의 말씀으로 지어진 줄을 우리가 아나니 보이는 것은 나타난 것으로 말미암아 된 것이 아니니라(히 11:1~3).

13 | 믿음의 기도

커다란 시련에 직면한, 여섯 자녀를 거느린 선한 과부가 있었다. 온 가족은 저녁 식사에서 마지막 빵 한 덩어리를 먹어야만 했다.

다음날 아침, 집 안에 음식이라고는 없었으나 믿음의 어머니는 식탁 위에 일곱 개의 접시를 올려놓았다.

"얘들아, 하나님께 우리 먹을 것을 주시도록 기도해야 하겠다."고 어머니는 자녀들을 식탁에 둘러 앉혀 놓고 말했다. 그 어머니의 기도가 막 끝났을 때 한 아이가 외쳤다.

"문간에 빵집 아저씨가 와 있어요."

"눈 때문에 꼼짝 못하겠군요. 몸 좀 녹이려고 들렸답니다."

집안으로 들어선 빵집 주인이 말했다.

"아침에 빵이 필요하지 않습니까?"

"그래요. 하지만 돈이 없어서." 어머니가 말했다.

"아니. 이 아이들에게 줄 빵이 없단 말입니까?"

"한 덩어리도 없습니다."

"좋아요. 가져다 드릴테니 조금만 기다리세요."

빵집 주인은 자기 마차로 가서 일곱 덩어리의 빵을 가지고 집 안으로 다시 들어왔다. 그리고는 각각의 접시 위에 하나씩 올려 놓았다.

"엄마. 빵을 달라고 기도했더니 하나님이 내 기도를 들으시고 빵을 보내 주셨어요."

한 아이가 외쳤다.

"나도요."

자녀들마다 하나님께서 기도를 개인적으로 응답하신 것을 느끼면서 소리 높여 외쳤다.

하나님은 우리에게 큰 믿음을 요구하지 않으신다. 다만 크신 하나님께 대한 믿음만 가지고 있으면 되는 것이다.

 예화와 관련된 말씀

> 그러므로 내가 너희에게 이르노니 목숨을 위하여 무엇을 먹을까 무엇을 마실까 몸을 위하여 무엇을 입을까 염려하지 말라 목숨이 음식보다 중하지 아니하며 몸이 의복보다 중하지 아니하냐(마 6:25).

14 │ 산을 옮긴 믿음

　미국 알라스카의 스티브라는 청년이 처음 교회에 나갔다. 그날 목사는 마태복음 17장 20절의 말씀을 본문으로 겨자씨만한 믿음이 있으면 산을 옮길 수 있다는 내용의 설교를 했다.

　그의 집 뒷산에는 겨울이면 눈사태가 나서 골치를 앓고 있던 차, 그 설교를 들은 스티브는 눈이 확 뜨였다. 그는 자기가 그런 일을 해보아야겠다고 마음먹고 그 믿음을 얻기 위하여 기도를 시작했다.

　이 소식이 설교를 한 그 목사의 귀에 들어갔다. 목사는 은근히 걱정이 되었다. 성경에 있는 말씀이라서 설교는 했으나 아직까지 산을 옮겼다는 기록이 없기 때문이다.

　이제 스티브의 기도는 응답받지 못할 것은 뻔 한 일이요, 그리고는 낙심할 것이 뻔 한 일이므로 그 목사는 그의 뒷처리를 좀 잘 해달라고 하나님께 기도했다.

　스티브의 기도는 열흘이 가도 스무날이 가도 후퇴하지 않았다. 목사의 마음은 다급해졌다.

40일째 되던 날 스티브는 벙글벙글 웃으며 목사실로 들어와서 이렇게 말하였다.

"목사님, 20세기는 산을 번쩍 들어서 옮기는 것이 아니라 기계로 옮기시더군요."라고 하고는 새로 생긴 고속도로에 흙이 필요하다고 하여 큰 트럭들이 와서 그 흙을 계속 실어가서 산이 거의 다 없어져가는 것을 보고 왔다고 했다.

 예화와 관련된 말씀

이르시되 너희 믿음이 작은 까닭이니라 진실로 너희에게 이르노니 만일 너희에게 믿음이 겨자씨 한 알 만큼만 있어도 이 산을 명하여 여기서 저기로 옮겨지라 하면 옮겨질 것이요 또 너희가 못할 것이 없으리라(마 17:20).

15 | 위대한 믿음

달라스 신학교가 지금은 미국에서 가장 훌륭한 신학교가 되어 있지만, 1924년경에는 빚 때문에 폐교의 위기에 처해 있었다. 그러나 언제나처럼 이 학교를 설립하신 루이스 쉐퍼 박사와 하나님의 사람들은 학장실 문을 잠그고 이 학교를 처분할 것이냐는 문제를 두고 기도하기 시작했다.

그때 쉐퍼 박사 옆자리에 '해리 아이언사이드'라는 유명한 하나님의 사람이 다음과 같은 기도를 했다.

"주님, 당신은 모든 산과 모든 언덕과 그리고 모든 가축들을 소유하고 계시는 부자가 아니십니까? 그 가축들 중 얼마를 팔아서 돈을 보내주셔서 이 학교의 빚을 무사히 갚고 학생들을 계속 양육할 수 있도록 도와주시옵소서."

이러한 기도가 계속되고 있는 동안에 이상스러운 일이 일어났다.

달라스 카우보이의 모자와 구두를 신은 어떤 사람이 서무실에 들어오더니 다음과 같은 말을 하는 것이 아닌가?

"저는 달라스의 카우보이입니다. 저는 오늘 마차 두 대의 가축을 가득 싣고 시장에 가서 그 가축들을 다 팔았습니다. 그 돈을 가지고 저는 다른 데 투자할 생각이었습니다. 그런데 왠지 모르게 제 마음속에 이것을 더욱 보람 있는 일에 써야 한다는 생각이 떠올랐습니다. 그래서 이 돈을 기부하기로 결심하였습니다. 이 돈을 받아주십시오."

서무실의 아가씨는 영문도 모르고 그 돈을 가지고 황급히 학장실로 뛰어갔다. 가니까 막 "예수님의 이름으로 기도합니다."라는 소리가 들렸다.

그 수표를 받아든 쉐퍼 박사는 아이언사이드 박사의 어깨를 툭 치며 이렇게 말했다.

"목사님, 주님께서 방금 가축을 팔아서 이 수표를 보내주셨습니다."

 예화와 관련된 말씀

아무 것도 염려하지 말고 다만 모든 일에 기도와 간구로, 너희 구할 것을 감사함으로 하나님께 아뢰라 그리하면 모든 지각에 뛰어난 하나님의 평강이 그리스도 예수 안에서 너희 마음과 생각을 지키시리라(빌 4:6,7).

16 | 믿음

'믿음은 바라는 것들의 실상이요 보지 못하는 것들의 증거'라고 하였다.

이 '실상'이란 말은 헬라어로 '휴포스타시스'라고 하는데, 이 말에 대하여 다음과 같은 얘기가 전해져 오고 있다.

헬라의 한 여인이 아버지의 유업을 이어 받았는데 토지 문제가 잘못되어 법정에서 재판을 받게 되었다.

첫 번 재판에 실패를 한 이 여인이 알렉산드리아의 고등법원에다 상소를 하기 위하여 모든 법적 증거 서류를 모아서 돌항아리에 넣고 뚜껑을 닫아서 자기 집의 노예를 시켜서 고등법원으로 보내었는데, 이 노예가 가다가 숙박하던 어느 여인숙에 불이 나게 되어 모두 불에 타서 죽어 버렸다.

그 사건 이후 2천 년이 지난 뒤 고고학자들에 의하여 이 돌항아리가 발견되었는데, 그 속에서 그때의 모든 문서와 함께 재판장 앞으로 보내는 한 장의 긴 편지가 있었다.

그 편지 마지막 부분에 "재판장님으로 하여금 내 고소가 참된 것임을 알게 하고자 여기에 내 휴포스타시스를 보내

드립니다." 라고 씌어져 있었다고 한다.

여기서 말하는 이 휴포스타시스란 바로 증거물에 대한 확실한 신념이다. 우리의 믿음이 바로 이것이다.

이 믿음은 미래 지향적인 세계관을 유출한다. 하나님이 주신 증거를 가지고 그의 약속을 믿고 나가는 것이다.

성경은 언제나 약속이 있으면 반드시 실현이 있고, 영원한 미래가 있는가 하면 현재적 성취도 항상 강조하고 있다. 이것이 성경이 말하는 신앙이다.

 예화와 관련된 말씀

> 믿음은 바라는 것들의 실상이요 보이지 않는 것들의 증거니 선진들이 이로써 증거를 얻었느니라 믿음으로 모든 세계가 하나님의 말씀으로 지어진 줄을 우리가 아나니 보이는 것은 나타난 것으로 말미암아 된 것이 아니니라(히 11:1~3).

17 | 믿음의 선언

1812년 3월 12일, 인도의 세람포르에서 화재가 발생했다. 윌리암 캐리와 그의 동료들이 수 년에 걸쳐 갖은 고생을 감수하여 번역한 책들이 삽시간에 연기 속에 사라져 버렸다. 성경 번역을 위한 원고들의 손실은 막대한 것이었다.

새로 주조된 타미르 타이프와 중국 금속타자기가 전손(全損) 되었다. 애를 써서 편집한 원고, 문법책, 사전들이 사라져 버렸다. 이때의 손실에 대해 캐리는 이렇게 썼다.

"인쇄기 외에는 아무 것도 건져 내지 못했다. 이것은 너무 큰 타격이어서 앞으로 오랫동안 성경을 인쇄하지 못하게 될 것이다. 12개월 동안 열심히 일한다 해도 회복되기는 어려울 것이다. 재산, 원고 등의 손실은 말할 것도 없고, 이 상황은 쉽게 극복되기 어려울 것이다."

위에서 언급된 원고의 손실에는 거의 모든 인도 성경과 카나레스 신약 성경과 산스크리트어로 번역한 2권의 구약 성경과 많은 페이지의 벵갈어 사전과 테루구 문법책 전부와 푼자비 대부분과 산스크리어트어 고급사전 전부와 그의 언어 사업의 걸작들이 포함되어 있었다.

그러나 그와 그의 동역자들에게는 믿음의 선언이 뒤따랐다.

"틀림없이 하나님께서는 이 좋지 않은 일을 통해서 우리의 이익을 증진시키실 것입니다."

오래 지나지 않아서 하나님의 계획이 드러났다.

"그 재해는 영국 그리스도인들의 귀를 열었습니다. 타오르는 불꽃 속에서 그들은 그 사업이 얼마나 위대한 일인가를 보았습니다. 그리고 그 사실은 널리 알려졌습니다. 이와 같이 파멸은 선교열에 불타는 친구들을 증가시키는 횃불인 것이 입증되었습니다."

 예화와 관련된 말씀

이는 하늘이 땅보다 높음 같이 내 길은 너희의 길보다 높으며 내 생각은 너희의 생각보다 높음이니라(사 55:9).

18 │ 가장 위대한 것

아름답고 쾌활하며 교양 있는 여인으로서 구세군 창설자의 딸인 미리엄 부드는 전도유망한 기독교 사업을 시작하여 유례없는 성공을 거두었다.

그러나 오래가지 않아 질병에 걸려 죽음의 지경까지 이르게 되었다.

어느 날, 한 친구가 찾아와서는 그토록 유능하던 여성이 병 때문에 주님의 일을 하지 못하게 된 것이 매우 유감스럽게 보인다고 위로의 말을 했다.

그러자 미리엄은 부드러운 미소를 띠면서 "주의 일을 하는 것은 위대한 것이지만 주의 뜻을 행하는 것은 더욱 위대합니다."라고 대답했다.

당신은 자신의 삶의 방향과 목적과 의미를 추구하고 있는가? 이 놀라운 진리는 주님께서 우리의 '멈춤'도 인도하고 계신다는 사실을 상기함으로써 더욱 의미가 깊다. 하나님은 우리가 천천히 멈춰 서서 하나님을 바라볼 필요가 있을 때를 알고 계신다. 만일 당신이 인생의 십자로를 만났다면 하나님을 바라보라.

그리고 파멸로 이를지도 모르는 결론으로 남들처럼 성급하게 달려가지 않도록 하라.

"약속하신 이는 미쁘시니"라고 했다. 주님 앞에 기도하는 마음으로 결정할 문제를 내어놓으며 길을 열어 주시기를 위하여 주님을 의지하라.

 예화와 관련된 말씀

> 만일 우리가 우리 죄를 자백하면 그는 미쁘시고 의로우사 우리 죄를 사하시며 우리를 모든 불의에서 깨끗하게 하실 것이요(요일 1:9).

19 | 새로운 결단

 어거스틴이 바닷가를 거닐면서 삼위일체에 대해 고민을 했다. 삼위일체를 이해할 수 없어 계속 고민하며 걸어가는데 자기 앞에 어느 어린 아이 하나가 바닷가에 앉아 장난을 하며 놀고 있었다. 자세히 보니 조개껍질로 바닷물을 퍼서 자기 앞에 파놓은 조그마한 구멍에 붓는 일을 반복하고 있었다. 어거스틴은 물었다.

 "너 왜 이런 짓을 하고 있니?"

 어린이가 대답하기를 "바닷물을 다 퍼서 여기 넣을 것입니다."라고 말했다.

 이때 어거스틴은 깨달았다.

 '내가 어리석은 생각을 했구나!'

 다시는 삼위일체에 대해서 의심하지 않기로 했다. 어거스틴이 바닷가에서 본 것은 환상이었다. 하나님이 어떻게 계시했느냐, 이것이 문제가 합리적이냐, 이치에 맞느냐 하는 이것이 문제가 아니다.

 어느 쪽이 사실이냐 그것만 문제가 된다. 말씀이 육신이 되어 이 땅에 오셨다. 오셨으면 오신 것으로 끝난 것이지 이 것이 가능하냐 아니냐, 내 마음에 드느냐 안 드느냐, 이치에 맞느냐 안 맞느냐가 무슨 상관인가?

오직 믿음으로, 묻지 말고 믿어야 한다.

일본 사람들의 격언 중에 재미있는 것이 있다.

"갈까 말까 하는 길은 가지 말라. 먹을까 말까 하는 음식은 먹지 말라. 할까 말까 하는 일은 하지 말라. 죽을까 말까 할 때는 죽으라."이다.

우리에게 좀 더 새로운 결단이 필요하다. 우리의 지성, 우리의 판단이 다 충족된 다음에 무엇을 하겠다는 어리석은 생각은 하지 말자.

 예화와 관련된 말씀

오직 믿음으로 구하고 조금도 의심하지 말라 의심하는 자는 마치 바람에 밀려 요동하는 바다 물결 같으니(약 1:6).

20 | 하나님의 때

백 년 전 영국에 찰스 스미온이란 사람이 있었다. 이 분은 캠브리지의 한 교구를 맡은 성공회 신부였다.

그가 처음에 안수를 받고 설교를 시작할 때에 교인들이 좋아하지 않았다. 그 당시에는 들어가서 앉기 전에 문을 열고 들어가야 했다.

그런데 장로들이 이 분이 목사가 되는 것을 반대했다. 그래서 이 장로들이 교회를 쭉 돌면서 문을 열고 들어가는 곳을 자물쇠로 전부 잠궈 버렸다.

그래서 몇 주간 동안은 교인들은 교회의 가운데 서서 예배를 드렸다. 그래서 그때 목사는 이렇게 말하였다.

"내가 자물쇠를 열지는 않겠습니다. 하나님께서 이 교회에서 일하시는 것을 보여 주겠습니다."

그 옆으로 들어가는 문이 열리는 데는 오랜 기간이 걸렸다. 그러나 그는 굽히지 않고 계속해서 사역했다. 결국에 가서는 그 교회가 아주 훌륭한 믿음의 사람들로 가득 차게 되었다.

바로 이 분이 나중에 유명한 IVF 창설자 중의 한 분이 되었다. 그 분은 하나님을 바라고 기다릴 준비를 갖추고 있었기 때문이다.

당신은 하나님의 때를 기다릴 준비가 되어 있는가? 아브라함의 아내 사라가 야기 시킨 문제를 다시 한 번 생각해 보라.

 예화와 관련된 말씀

우리 하나님이여 그들을 징벌하지 아니하시나이까 우리를 치러 오는 이 큰 무리를 우리가 대적할 능력이 없고 어떻게 할 줄도 알지 못하옵고 오직 주만 바라보나이다 하고(대하 20:12).

하나님은 나의 요새이시니 그의 힘으로 말미암아 내가 주를 바라리이다(시 59:9).

21 | 그리스도의 수난

멜깁슨이 2004년 제작 감독한 영화 '그리스도의 수난' (The Passion of the christ)이라는 영화는 많은 화제를 남겼다. 영화를 보다가 심장 마비로 숨진 사람들이 몇 사람이나 나왔고, 애인을 살해한 범인이 자수를 했다고도 보도 되었다.

그런데 이 영화를 만든 멜깁슨은 독실한 천주교인인데, 할리우드를 장악한 유대인들이 유대인들을 증오하게 만든다고 영화제작을 거절당했다.

그는 포기하지 않고 자신이 영화사를 만들고 자신의 전 재산 2천5백만 달러(당시 환율 300억)를 투입하여 영화를 만들었다.

2004년 고난 주간 수요일에 개봉이 되어서 그는 6억 1천만 달러(7천3백2십억)의 천문학적 거금을 벌어들였다.

그 후 그는 보도에 의하면 그는 제일 먼저 160억을 들여서 남태평양의 피지의 마고 섬을 구입했는데 이것은 여의도의 2.5배나 된다고 했다.

이유는 '자신의 휴양지로 사용하기 위하여' 라는 것이다. 그리스도의 수난으로 돈을 벌고 난 다음 그 돈으로 처음 한 일이 자신의 휴양지 섬을 사는 것이었다. 처음에는 좋게 시작했다.

그러나 힘 생기고 돈 생기니 자신의 욕심대로 했다. 이것이 인간이다. 이렇게 하면 영은 죽는다. 믿음은 없다. 육신이 지배를 하는 것이다. 하나님이 어디 있는가?

 예화와 관련된 말씀

니는 선한 싸움을 싸우고 나의 달려갈 길을 마치고 믿음을 지켰으니 이제 후로는 나를 위하여 의의 면류관이 예비되었으므로 주 곧 의로우신 재판장이 그 날에 내게 주실 것이며 내게만 아니라 주의 나타나심을 사모하는 모든 자에게도니라(딤후 4:7,8).

22 | 우리가 믿어야할 것

 세 사람의 사냥꾼이 산 중턱에서 짐승을 쫓고 있었다.
 멀리에서 이상한 소리가 나서 바라보니 산불이 나서 맹렬한 기세로 불길이 다가오고 있었다. 사냥꾼들은 당황하기 시작했다.
 한 사람은 나무에 잘 오르므로 가장 튼튼하고 높은 나무를 골라 오르기 시작했다. 그러나 불길은 위로 올라가는 성질이 있으므로 이 사람은 불행하게도 생명을 잃었다.
 두 번째 사람은 뛰는 데는 자신이 있었다. 그는 불길을 피해 힘차게 달렸다. 불은 쉬지 않고 그의 뒤를 따랐다. 마침내 그는 지쳐서 뛰는 속도가 느려졌다. 불은 가까이 타들었고 불길이 그 사람을 삼켜 버렸다.
 세 번째 사람은 나무에 오르는 재주, 뛰는 재주도 없었다. 자기의 두 친구가 황급히 자기 주위를 떠나자 그 역시 살아날 방도를 구해야 했다.
 그는 성냥을 꺼내어 맞불을 질렀다. 그리고는 불탄 자리 안에 피신했다.

잠시 후에 산불이 다가왔지만 불탄 자리는 피하고 지나갔다. 오늘날 많은 사람들이 자신이 가진 재능을 너무 믿는다.

성경에는 사람의 생명이 그 소유한 것에 있지 않다고 말하고 있으며, 지혜롭다고 생각하는 사람의 지혜를 하나님께서는 헛 것으로 안다고 하셨다.

 예화와 관련된 말씀

이르되 주 예수를 믿으라 그리하면 너와 네 집이 구원을 받으리라 하고(행 16:31).

너희는 마음에 근심하지 말라 하나님을 믿으니 또 나를 믿으라(요 14:1).

23 | 흔들리는 믿음

　어느 한 여 집사의 이야기이다. 아무런 문제없이 살아가던 그 가정에 어려움이 닥쳐왔다. 멀쩡하던 남편이 하루아침에 쓰러지더니 사경에 헤매게 되었다. 이 집사는 열심히 기도하며 하나님을 의지하는 듯 했다. 그러나 그가 기대하던 하나님의 응답이 늦어지자 불안해졌다.

　그러던 차에 평소 잘 알고 지내던 이웃 아주머니를 만났다. 그 아주머니의 남편은 몇 해 전 쓰러져서 자기 남편과 똑같은 처지에 있었다.

　이런 저런 이야기가 오가던 중 그 아주머니는 자기 남편이 용한 무당의 굿을 통해서 나았다고 말했다. 처음엔 그 여 집사의 마음이 동하지 않았다.

　그러나 시간이 거듭할수록 그런 방법을 한 번 써보고자 하는 욕망이 있었다. 결국 그 집에 어느 무당이 찾아와 시끄러운 날들을 맞이하게 되었다.

　그러나 결과는 더 안 좋았다. 그때부터 이 집사는 절이든지 점쟁이든지 그 무엇이든지 찾아다니게 되었다.

그 결과가 어떠했을까? 그 남편은 소리 없이 죽었다. 그 가정은 믿음에서 이미 멀어지게 되었다. 얼마 안 남은 목숨도 구하지 못했을 뿐더러 영생의 소망마저 잃어버리게 된 것이다. 이방민족이 승리한다고 그들의 신을 섬긴 이스라엘의 어리석음을 볼 수 있는 이야기이다.

하나님을 의지하지 않는 사람들의 결과는 이렇다. 아무리 악이 형통한다고 해도 그것을 부러워할 수는 없다.

그것이 구원을 가져다주지 못하기 때문이다. 구원은 세상이 가져다주지 못한다. 인간이 만들어 낼 수 있는 것이 아니다. 그 어떤 피조물도 구원을 말할 수 없다.

 예화와 관련된 말씀

다른 이로써는 구원을 받을 수 없나니 천하 사람 중에 구원을 받을 만한 다른 이름을 우리에게 주신 일이 없음이라 하였더라(행 4:12).

24 | 용기 있는 믿음

프러시아의 후레데릭 대왕은 그리스도와 교회를 비웃는 사람이었다. 그러나 그의 충성스러운 신하 본진랜드 장군은 성실한 크리스천이었다. 하루는 신하들과 같이 귀족들이 모인 자리에서 대왕의 천한 야유가 시작되었다.

그리스도 예수를 비웃는 말이었다. 그래서 온 장내는 그런 분위기로 되어가고 있었다. 이때에 엄숙한 표정을 한 본진랜드 장군이 자리에서 일어나 대왕을 똑바로 바라보며 다음과 같이 말했다.

"대왕폐하, 대왕께서는 내가 죽음을 두려워하지 않는다는 것을 잘 아십니다. 그래서 나는 전쟁터에서 대왕을 위하여 38번을 싸워서 이긴 것입니다. 저는 이제 나이 많은 늙은 사람이 되었습니다. 이제 나는 머지않아 지금 대왕이 비웃으시는 나의 구주 그리스도를 만나 뵈러 가게 됩니다. 나이 많아 영원을 바라보는 나는 예수 그리스도가 대왕보다 더욱 위대한 분인 것을 압니다. 폐하, 소신은 이제 물러가려 합니다."

이 엄청난 태도와 말에 온 장내는 두려움에 떨게 되었다. 장군을 즉시 처형하라는 추상같은 대왕의 명령이 떨어질 것으로 생각했기 때문이다.

　그러나 모든 사람들의 예상과는 다르게 대왕의 떨리는 음성이 다음과 같이 들려왔다.

　"본진랜드 장군. 내가 잘못했소. 나를 용서하시오."

　우리는 조만간에 꼭 주님을 만나 뵙는 날이 있음을 기억하고 항상 담대하고 용기 있게 믿음을 지켜야 할 것이다.

 예화와 관련된 말씀

> 주 만군의 여호와여 주를 바라는 자들이 나를 인하여 수치를 당하게 하지 마옵소서 이스라엘의 하나님이여 주를 찾는 자가 나로 말미암아 욕을 당하게 하지 마옵소서(시 69:6).

25 | 결과를 기대하라

어느 날 찰스 스펄전이 자기 제자들을 런던 거리에 옥외집회를 열도록 보냈다. 날마다 스펄전에게 그들이 보고하러 왔다. 어떤 이들은 성공했고, 다른 이들은 실패했다.

어느 날 은사와 재능을 거의 못 갖춘 젊은이가 얼굴에 풀이 죽은 채 스펄전에게 다가왔다.

"스펄전씨 나는 왜 그리스도에게로 영혼을 인도할 수 없는지 이해할 수가 없습니다. 나는 이 옥외집회에 참석해서 충실히 설교도 하고 죽을 힘을 다했는데 나의 호소에 응답하는 사람도 없고 별 일이 없습니다."

스펄전은 잠시 그 젊은이를 보고 이렇게 말했다.

"당신이 설교할 때마다 하나님의 능력이 영혼을 구원하시리라 기대한단 말씀입니까?"

젊은 사람은 당황했다. 그가 말하기를 "아니죠. 나는 추측 못합니다. 당연히 못하지요. 나는 그것을 거의 기대할 수 없습니다. 아직 교육도 마치지 못했고 다른 이들처럼 많은 은사와 재능도 없습니다. 아니, 나는 틀린 사람입니다. 그것을 기대해서도 안 됩니다."

그때 스펄전은 외쳤다.

"그것이 당신이 결과를 못 보는 이유입니다."

젊은이는 믿음의 결과를 기대하지 않았다. 하나님 말씀에 '네 믿음대로 될지어다'가 있다. 만일 당신이 결과를 기대하지 않으면 그것들을 얻을 수 없다.

 예화와 관련된 말씀

내가 진실로 너희에게 이르노니 누구든지 이 산더러 들리어 바다에 던져지라 하며 그 말하는 것이 이루어질 줄 믿고 마음에 의심하지 아니하면 그대로 되리라(막 11:23).

믿음이 없어 하나님의 약속을 의심하지 않고 믿음으로 견고하여져서 하나님께 영광을 돌리며(롬 4:20).

03
세상이 감당하지 못하는 믿음

이 사람들은 다 믿음으로 말미암아 증거를 받았으나 약속된 것을 받지 못하였으니 이는 하나님이 우리를 위하여 더 좋은 것을 예비하셨은즉 우리가 아니면 그들로 온전함을 이루지 못하게 하려 하심이라(히 11:29,30).

01 | 당신의 믿음이 성장하기를 원한다면

당신의 믿음이 성장하기를 원한다면 거기에는 당신이 반드시 지켜야 하는 네 가지 규칙이 있다.

첫째는, 기꺼이 큰 믿음을 가지도록 하라.
사람들이 믿을 수 없다고 말할 때 "기꺼이 믿겠는가?"라고 물어 보라. 왜냐하면, 신앙을 향한 강한 의지가 서 있으면 성령께서 커다란 믿음을 주시기 때문이다.

둘째, 당신이 가지고 있는 믿음을 사용하라.
팔 근육이 연약한 어린아이는 점차 그 근육을 사용하기 전까지는 커다란 망치를 휘두를 수가 없다.
그러므로 뱃머리에 서서 멀리까지 수영해 갈 수 있기를 기다리지 말라. 배 끝에서 물속으로 뛰어내려서 조금씩 헤엄을 쳐 보라. 이런 조그만 노력을 통해서 당신은 크고 위대한 탐험을 위해 준비되기 때문이다.

셋째, 당신과 환경 사이에 하나님을 모시는 것을 명심하라. 모든 것은 당신이 하나님을 어디에 모시느냐에 달려 있기 때문이다.

넷째, 매일 매일을 하나님의 뜻에 순종하면서 살아가라. 이 규칙들을 지키는 당신의 믿음은 성장할 것이다.

 예화와 관련된 말씀

무릇 하나님께로부터 난 자마다 세상을 이기느니라 세상을 이기는 승리는 이것이니 우리의 믿음이니라(요일 5:4).

02 | 내가 믿는 하나님

한 이교도가 어거스틴에게 자기가 섬기는 작은 나무 우상을 보이며 질문하였다.

"나의 신은 여기에 있는데 당신의 신은 어디에 있소?"

어거스틴은 이렇게 대답했다.

"나의 하나님은 보일 수 없소. 그것은 하나님께서 계시지 않아서가 아니라 당신이 하나님을 볼 수 있는 눈을 가지지 못했기 때문이오."

유명한 설교가인 존 허프먼 목사는 프린스턴 신학교를 나와 12년 동안 목회했지만, 성공적이지 못했다. 목사직을 그만둘까 하는 생각을 할 만큼 좌절하고 자신감을 잃었다. 그는 모교에서 실시하는 목사 연수 교육에 참가했다. 그곳에서 존경하던 노교수 로버트 윌슨 박사를 만났다.

제자의 상담을 받은 노교수는 "자네는 12년간 작은 하나님을 믿었군. 큰 하나님을 믿는 자가 되게."하고 충고했다. 노교수의 표현인 "작은 하나님을 믿는 자"와 "큰 하나님을 믿는 자"의 차이는 다음과 같다.

"작은 하나님을 믿는 자"란 나의 지식과 나의 요구에 하나님을 맞추어 하나님을 나 정도로 작게 만드는 신자이다.

"큰 하나님을 믿는 자"란 하나님의 권능을 믿는 사람이다.

 예화와 관련된 말씀

> 우리에게 향하신 여호와의 인자하심이 크시고 여호와의 진실하심이 영원함이로다 할렐루야(시 117:2).
>
> 이는 우리 마음이 혹 우리를 책망할 일이 있어도 하나님은 우리 마음보다 크시고 모든 것을 아시기 때문이라(요일 3:20).

03 | 한 번 믿어보세요

사막을 통과해 바다로 나가고자 하는 강물이 있었다.

그러나 강물은 사막에 널려 있는 수많은 모래를 보자 걱정이 되어 탄식했다.

"아, 이 사막이 나를 완전히 말려버리겠구나! 그리고 저 태양의 뜨거운 열기는 나를 다 없애 버릴 거야. 그러면 난 악취 풍기는 늪지대로 변하게 되겠지."

그때 강물은 한 목소리를 들었다.

"사막을 한 번 믿어보세요."

그러나 강물은 걱정이 되어 반문했다.

"그러면 나를 던진 후에도 내 모습 그대로 남아있게 될까요? 내 본래의 특성을 잃게 되지는 않을까요?"

목소리가 대답했다.

"어떠한 경우에도 당신은 본래의 그 모습 그대로 유지할 수 있을 거예요."

그래서 강물은 그 말을 믿고 사막에 몸을 내 맡겼다.

그러자 사막의 뜨거운 열기 때문에 강물은 수증기가 되어 하늘로 올라갔다. 하늘로 올라간 강물은 구름이 되어 뜨거운 사막 위를 둥둥 떠서 흘러갔다. 그리고 강물은 이전보다 더 아름답고 더 활기차게 흘러서 바다로 갔다.

강물은 너무나 기뻐하며 말했다.

"나는 새롭게 태어났다. 이제야 비로소 나는 진정 내가 된 거야."

 예화와 관련된 말씀

주께서 나의 슬픔이 변하여 내게 춤이 되게 하시며 나의 베옷을 벗기고 기쁨으로 띠 띠우셨나이다(시 30:11).

04 | 전적의탁

    옛날에 한 수도사가 올리브 나무 묘목을 심었다. 그리고는 하나님께 기도했다.

    "주님! 이 연약한 뿌리가 잘 자랄 수 있도록 단비를 내려주시옵소서."

    하나님께서는 단비를 내려주셨다. 그 수도사는 또 기도했다.

    "주님! 햇빛이 필요합니다. 햇빛을 주시옵소서."

    그러자 검은 구름을 몰아내시고 밝은 햇빛을 비추어 주셨다. 그러자 수도사는 "오 주여! 이 나무를 튼튼히 하기 위해선 서리가 필요합니다."라고 큰소리로 외쳤다. 그랬더니 그 작은 나무에 서리가 앉아 어린 올리브 나무는 죽어버렸다. 그래서 그 수도사는 다른 수도사의 방을 찾아가 자기의 경험을 털어 놓았다.

    그때 방에 있던 수도사는 잘 자란 올리브 나무를 보여주며 "나는 나무를 키울 때 그 나무를 만드신 하나님께서 나보다 그 나무를 더 잘 알고 계시므로 다만 주여! 이 나무가 필요한 것을 때에 따라 주시옵소서.

강풍이든, 햇빛이든, 바람이든, 비든, 서리든…하고 기도드릴 뿐입니다."라고 설명했다.

이것이 나무를 잘 키우게 된 비결이었다. 우리는 믿음의 생활을 하면서 내 생각과 말과 행동 속에 하나님을 끌어 들이려는 잘못을 범한다.

참 믿음은 전적으로 예수님께 매달리고 하나님의 뜻을 깨달아 알고 그 뜻에 합당하게 순종하는 것이다. 즉 하나님의 뜻에 나의 생각을 일치시키는 것이 믿음이라고 본다.

 예화와 관련된 말씀

여호와께서 너희의 땅에 이른 비, 늦은 비를 적당한 때에 내리시리니 너희가 곡식과 포도주와 기름을 얻을 것이요(신 11:14).

05 | 믿음과 행함의 노

고기들이 일으킨 잔잔한 물결이 동그랗게 원을 그리며 퍼져나가는 아름다운 호수 위에 십여 척의 작은 배들이 떠 있다. "참 아름다워라 주님의 세계는" 청소년들이 힘차게 찬송가를 부른다. 각 배마다 청소년이 한 명씩 타고 있다.

한 배에서 선생님이 설교를 한다.

"믿음이 중요합니까, 행함이 중요합니까?"

각 보트에는 노가 두 개씩 있다. 한 노에는 '믿음', 또 다른 노에는 '행함'이라 적혀 있었다.

선생님이 "여러분 믿음이 중요하다고 생각하면 믿음의 노를 들어 올리세요."라고 말하자 믿음이 중요하다고 생각하는 학생들이 '믿음'이라 적힌 노를 높이 들어 올렸다.

다음에는 행함이 중요하는 학생들이 노를 들어 올린다. 선생님은 다시 말했다.

"여러분이 중요하다고 들어 올린 노만을 가지고 노를 저어서 저 앞에 보이는 물 위에 붉은 푯대를 돌아보십시오."

학생들은 두 개의 노 중 중요하다고 들었던 노 하나만

을 가지고 열심히 배를 저어 나아갔다. 그러나 학생들의 보트는 앞으로 나아가지 않고 모두가 한쪽 방향으로 돌기만 하는 것이다. 배가 한쪽으로 도니까 학생들은 배의 오른쪽을 저었다가 다시 왼쪽을 저었다가 이렇게 반복하여 겨우 방향을 잡고 앞으로 배를 저어 나아갔다.

"여러분 이번에는 양쪽 노를 다 사용해서 저 푯대를 다시 돌아오십시오."

믿음과 행함이라 각기 쓴 두 개의 노를 다 사용하니 배가 앞을 향하여 빠르게 나아갔다.

한쪽 노만을 사용할 때보다 힘도 들지 않고 배가 한쪽으로 돌지도 않고 잘 나아가는 것이 아닌가. 믿음과 행함, 둘 다 중요하다는 것은 더 이상 설명할 필요가 없게 되었다.

 예화와 관련된 말씀

어떤 사람은 말하기를 너는 믿음이 있고 나는 행함이 있으니 행함이 없는 네 믿음을 내게 보이라 나는 행함으로 내 믿음을 네게 보이리라 하리라(약 2:18).

06 | 변치 않는 믿음

 허드슨 테일러가 중국 내륙에 들어가 양주에서 선교사역을 할 때의 일이다. 선교사들이 의료 선교를 열심히 하자 양주의 학자들과 일부 군인사들은 선교사들에 대한 나쁜 유언비어를 유포하였다.

 그 후 선교사 집의 창문에 돌들이 날아오고 비난의 글들이 나돌기 시작했다.

 그 글에는 선교사들이 죽어가는 사람들의 눈알을 도려내고 어린아이들을 잡아먹으며 아이 밴 여자의 배를 갈라 그것으로 약을 만든다는 것이었다. 이에 분노한 군중들은 폭도로 변해갔다. 이 일로 많은 선교사들이 심한 상처를 입거나 죽어 갔다.

 영국 당국은 양주 사태에 대해 직접 개입하였다. 그러나 양주 폭동 이후 허드슨 테일러가 이끄는 선교회는 "군함을 앞세우는 선교회"라는 심한 비난의 대상이 되어 헌금이 대폭 줄어들었다.

 200여 명이 넘는 중국 내륙 선교회에 후원금이 영국으로부터 들어오지 않자 허드슨 테일러는 사람들에게 구차한 변명을 하지 않고 오직 하나님께만 기도를 하였다.

그 후 얼마 있지 않아 죠지 뮬러에게서 편지가 왔다.

2000파운드의 수표와 함께… 하나님께서는 우리가 어떤 상황에서도 변치 않는 믿음을 갖길 원하신다.

 예화와 관련된 말씀

또 어떤 이들은 조롱과 채찍질뿐 아니라 결박과 옥에 갇히는 시련도 받았으며 돌로 치는 것과 톱으로 켜는 것과 시험과 칼로 죽임을 당하고 양과 염소의 가죽을 입고 유리하여 궁핍과 환난과 학대를 받았으니 (이런 사람은 세상이 감당하지 못하느니라) 그들이 광야와 산과 동굴과 토굴에 유리하였느니라 이 사람들은 다 믿음으로 말미암아 증거를 받았으나 약속된 것을 받지 못하였으니 이는 하나님이 우리를 위하여 더 좋은 것을 예비하셨은즉 우리가 아니면 그들로 온전함을 이루지 못하게 하려 하심이라(히 11:36~40).

07 | 고난과 믿음

몇 해 전에 내 친구 하나는 가족들과 아주 거북한 관계 가운데 있었다. 가족들이 그가 그리스도를 따르는 것을 공공연히 반대했기 때문이었다. 가족들을 방문하기로 되어 있는 주말이 다가옴에 따라 자기 믿음이 가족들의 공격에 잘 견딜 수 없을 것이라고 생각하고 있었던 그는 염려도 되고 두렵기도 했다.

금요일 날, 풀이 죽은 듯한 그의 모습은 가족들과의 충돌 자체를 피하고 싶어 하고 있는 그의 마음을 잘 나타내고 있었다.

월요일 아침이 되자 그로부터 전화가 왔다. 주말에 있었던 일을 들려주는 그의 목소리는 유쾌하고 힘이 있었다. 주말에는 예상했던 대로 어려움이 많았고, 많은 모욕적인 말들이 그에게 감정적인 상처를 입히기도 했다.

그러나 하나님께서는 그의 믿음이 그가 생각했던 것보다는 더 크다는 것을 깨닫게 해주셨다.

가족들의 장광설을 듣고 있는 동안에도 그는 하나님을 의뢰하며, 핵심이 되는 성경 구절들을 상기할 수 있었으며, 이를 통해 하나님께서는 그를 강하게 해주셨다.

그는 화를 잘 내는 자기의 성격이 누그러지고 그들을 불쌍히 여기는 마음이 일어나는 것을 경험했다. 연단의 불은 믿음의 반응이라는 보석을 드러냈고, 주님을 찬양하게 했다.

 예화와 관련된 말씀

> 너희 믿음의 확실함은 불로 연단하여도 없어질 금보다 더 귀하여 예수 그리스도께서 나타나실 때에 칭찬과 영광과 존귀를 얻게 할 것이니라(벧전 1:7).

08 | 믿음을 귀하게 여기시는 주님

나는 얼마 전에 캐나다에 있는 한 회원으로부터 아주 감동적인 간증을 받았다. 그 자매는 의사들로부터 뇌종양을 앓고 있다는 진단을 받았다.

의사들은 서둘러 여러 가지 검사를 하길 원했고, 그녀는 매우 충격을 받았다.

그녀는 모든 장비를 갖춘 검사대 위에 누워 있을 때, "예수님, 지금 당신께서 바로 저와 함께 계신다면 저를 지켜주세요."라고 간단히 기도했다. 그녀는 곧 몇 가지 정밀한 검사에 들어갔으므로 그 이상 기도할 시간도 없었다. 그러나 예수님께서는 그녀의 믿음을 귀하게 여기셨다.

결국 그 다음 검사에서는 뇌종양이 아닌 것으로 나왔다. 그때 그녀는 그 어느 것으로도 깨어지지 못할 큰 평안과 기쁨으로 넘쳐흘렀다.

그 이후로 그녀는 여지껏 두통을 앓은 적이 없었다고 말하고 있다. 예수님께로 안겼던 것이다.

하나님의 아들이시며, 인간의 아들 되시는 예수님만이 당신이 처한 어두운 상황에서 위로를 가져다줄 수 있는 유일한 분이시다. 폭풍우는 당신의 환경에서 사납게 휘몰아 칠 수도 있고 당신의 내부에서 휘몰아 칠 수도 있다. 그렇게 되면 당신은 표면에 나타난 사물 자체만 바라보고서 기운을 북돋아 줄 것은 아무 것도 없다고 생각할지도 모른다.

그러나 폭풍우 속에서 예수님을 찾는 것을 잊지 말자.

왜냐하면 예수님께서는 바로 거기에 계시며, 그는 당신이 처한 문제의 바다 위로 걸어오셔서 격려의 말씀을 주실 것이기 때문이다.

 예화와 관련된 말씀

> 평안을 너희에게 끼치노니 곧 나의 평안을 너희에게 주노라 내가 너희에게 주는 것은 세상이 주는 것과 같지 아니하나라 너희는 마음에 근심하지도 말고 두려워하지도 말라(요 14:27).

09 | 너희 믿음대로 되라

1979년 9월 6일 미스 아메리카 선발 대회에서 1등으로 당선된 세릴 프레위트양의 간증은 한때 많은 은혜를 끼쳤다.

그녀는 1968년 어렸을 때 아버지와 함께 자동차를 타고 가다가 차가 전복되어 왼쪽다리를 다쳐서 봉합수술을 받았지만 휠체어를 타고 다니는 불구자가 되었다.

그 후 상처는 아물었지만 세포가 죽었기 때문인지 발육이 정지되어 왼쪽 다리가 오른쪽 다리보다 2인치나 짧은 절름발이가 되고 말았다. 모두들 그녀의 뛰어난 용모를 아까워했지만 어쩔 수 없는 일이었다. 그러나 그녀는 교회에 참석하여 훌륭한 신앙의 소녀로 성장했다.

1974년 10월 21일 그녀는 미시시피주의 잭슨시에서 열린 부흥회에 참석했다. 300여 명의 참석자 가운에 섞여 하나님께 자기의 다리가 낫게 해 달라고 마음을 쏟아 기도했다. 열심으로 기도하고 있을 때 자기의 왼쪽 다리가 쭉쭉 늘어나는 것을 느꼈다. 일어나 걸어 보았다.

기적이 일어났던 것이다. 2인치나 짧던 왼쪽 다리가 오른

쪽과 똑같아졌다.

마침내 그녀는 52대 미스 아메리카로 당선되었던 것이다. 미스 아메리카는 미스 유니버스나 다른 미인들과는 달리 용모만이 아니라 교양이 많은 사람이 당선되므로 거기에 뽑히는 사람은 더 명예스럽다고 한다.

TV에서 그녀는 간증하기를 "주님 외에 누가 저를 고쳤겠습니까?"라며 아름다운 소리로 주를 찬송하는 것이었다.

 예화와 관련된 말씀

예수께서 돌이켜 그를 보시며 이르시되 딸아 안심하라 네 믿음이 너를 구원하였다 하시니 여자가 그 즉시 구원을 받으니라(마 9:22).

10 | 믿음의 기도로 치료

아프리카의 그리스도인 청년이 고열로 헛소리를 해 대고 있었다. 고통이 그의 몸을 휘감고 있었다. 좀처럼 열이 내려가지 않았다.

유럽에서 온 선교사마저도 도움이 되지 못했다. 환자의 고통을 덜어 주기 위해 할 수 있는 대로 다 해보았다.

선교사가 한 가지 아는 것은 환자에게 얼음주머니가 절대적으로 필요하다는 것이었다.

그러나 그것은 아프리카 정글 속에서 얻지 못할 물건을 탐내는 것과 같은 것이다.

환자의 어머니는 하나님께서 불가능을 가능케 하신다는 선교사의 설교를 들은 적이 있었다. 그래서 그녀는 하나님께 얼음을 달라고 함께 기도하자고 했다.

"얼음을? 이렇게 뜨거운 곳에 하나님이 얼음을 주실 수가 있겠소?"라고 선교사는 난처한 듯 말했다.

"그래도 구해 봅시다."하고 그 어머니는 간청했다. 그래서 두 사람은 환자의 침대 옆에 무릎을 꿇고 얼음을 주시기를 기도했다.

"주님, 내 아들을 치료하는데 얼음이 있어야 한다면 얼음을 보내 주소서. 당신께서는 하실 수 있음을 믿나이다."

기도가 끝나자마자 뇌성이 울리고 큰 공만한 얼음들이 오두막 지붕 위로 쏟아졌다. 우박이었다. 마침내 청년은 회복되었다.

"하나님의 뜻 아닌 일을 제외하고는 응답되지 않는 기도는 없다."

"기도가 어떤 것(Anything)이냐 하면 그것은 바로 모든 것(Everthing)이다. 그게 사실일진대 그것은 가장 위대한 진리이다."

예화와 관련된 말씀

예수께서 그들의 믿음을 보시고 중풍병자에게 이르시되 작은 자야 네 죄 사함을 받았느니라 하시니(막 2:5).

예수께서 이르시되 딸아 네 믿음이 너를 구원하였으니 평안히 가라 네 병에서 놓여 건강할지어다(막 5:34).

11 | 불신

옛날 어느 곳에 오래된 고목이 한 그루 서 있었다. 너무나 큰 이 나무 위에는 매들이 날아와 둥지를 짓고 새끼들을 기르고 있었고, 나무 밑에는 산돼지들이 새끼를 기르며 살고 있었다.

매들이 떨어뜨리는 나뭇잎과 찌꺼기들은 밑에 있는 돼지들의 먹이가 되었고 돼지들의 찌꺼기는 매의 먹이가 되었으므로 이들은 서로 공생하며 평화롭게 살았다.

이들의 사이가 샘이 난 여우가 이들을 갈라놓기 위한 한 가지 꾀를 생각해 냈다. 여우는 곧장 매에게로 달려가 "나무 밑에 있는 돼지들은 너희 매를 잡아먹으려고 매일 나무 밑둥을 갉아 먹고 있단다.

얼마 못가서 나무가 쓰러지면, 네 새끼들은 떨어져서 돼지의 밥이 될 것이야. 이따금 나무가 심하게 흔들리지 않던? 그게 바로 밑둥이 넘어지려는 징조야."

그리고 이번에는 돼지에게로 달려가서 "나무 위에 있는 매들은 너희 돼지새끼들을 잡아먹으려고 항상 기회만 노리고 있단다. 어미 돼지가 먹이를 구하러 멀리 가면 그때 새끼를 잡아먹기 위해 이따금 어미 매가 내려와서 너희 집을 기웃거리며 먹이를 찾지 않던, 그게 바로 매가 새끼를 노릴 때란 말이다."라고 말했다.

이때부터 매와 돼지의 생활은 서로를 믿지 못하는 생활이 되었다. 매는 모이를 구하러 나갈 수가 없었다. 혹시 나간 사이에 나무가 쓰러지면 새끼들이 돼지에게 잡혀 먹힐 것을 생각하니 꼼짝 못하고 항상 새끼를 지키고 있었다. 이는 돼지도 마찬가지여서 먹이를 구하러 가지 못하고 매와 돼지는 서로 경계하면서 새끼들만 지키고 있었다. 결국 매도 돼지도 굶주려서 죽고 말았다. 사단은 우리의 마음에 불신을 심어주어 우리를 파멸시킨다. 그러나 우리가 믿음을 가지고 주님을 의지하면 우리의 삶은 풍성해질 것이다.

 예화와 관련된 말씀

> 사랑하는 자들아 너희는 너희의 지극히 거룩한 믿음 위에 자신을 세우며 성령으로 기도하며 하나님의 사랑 안에서 자신을 지키며 영생에 이르도록 우리 주 예수 그리스도의 긍휼을 기다리라 어떤 의심하는 자들을 긍휼히 여기라(유 1:20~22).

12 | 큰 믿음을 가지라

　미국 캘리포니아주에서 어느 가까운 두 친구가 바닷가에 낚시를 하러 나갔다.
　비록 낚시질은 서툰 사람들이지마는 고기가 잘 물렸다. 그런데 한 친구는 손바닥만한 작은 고기가 물리면 그것을 잡아서 가지고 간 구럭에다 집어넣고, 월척이 되는 큰 고기가 물리면 다시 바다에다 놔 주었다.
　옆에서 같이 낚시를 하던 친구는 이상하게 생각했으나 낚시 도중에 물을 수 없어서 궁금하게 지내다가 점심시간이 되어 준비해 온 도시락을 함께 나누면서 궁금했던 이야기를 했다.
　"여보게, 나는 이상한 게 하나 있어."
　"뭔데?"
　"자네는 가만 보니까 작은 고기는 잡아 구럭에 넣고 큰 고기는 오히려 다시 물 속에 놔주는데 내 상식하고는 다른데, 나 같으면 오히려 큰 것을 집어넣고 작은 것은 불쌍해서 바다에 다시 놔 줄터인데 무슨 특별한 이유가 있나?"

"그게 우리 집엔 프라이팬이 10인치짜리 밖에 없어서…"

하나님께서는 우리에게 큰 축복 주시기 위해서 큰 기회를 주시는데 내 믿음의 그릇이 너무 작아서 그 큰 축복을 놓쳐 버리는 경우가 없는지 되돌아 보자.

 예화와 관련된 말씀

우리 각 사람에게 그리스도의 선물의 분량대로 은혜를 주셨나니(엡 4:7).

이들은 이스라엘의 열두 지파라 이와 같이 그들의 아버지가 그들에게 말하고 그들에게 축복하였으니 곧 그들 각 사람의 분량대로 축복하였더라(창 49:28).

13 | 하나님의 계획

집안이 너무 어려워서 교육을 제대로 받지 못한 탓에 자기 이름만 겨우 쓸 줄 아는 한 청년이 있었다.

어느 날 그는 직업을 구하는 중에 은행 수위 모집광고를 응시하였으나 글자도 제대로 모르는 사람이 그 시험에 합격할 리가 만무했다. 이에 낙심한 그는 교회에 가서 엎드려 기도했다.

"하나님, 저는 왜 가난한 집에 태어나 공부도 못하고 시험에도 떨어져야 합니까?"

통곡하며 기도하는 그에게 어디선가 말소리가 들려왔다.

"내 계획은 거기에 있지 않다. 미국으로 이민을 가거라."

그는 하나님의 음성임을 깨닫고 이내 봇짐만 챙겨서 미국으로 이민을 갔다.

뉴욕에 도착한 그는 자기 후손들만은 못 배운 설움을 겪지 않게 하리라는 각오로 무엇이든지 손에 닥치는 대로 열심히 일했다. 그리하여 그는 결국 많은 돈을 모으게 되었고 큰 사업을 벌일 수 있게 되었다.

날이 갈수록 그의 사업은 번창하였고, 그가 중년이 되었을 때에는 그의 이름이 금융가인 월가에 널리 알려지기도 하였다. 그러던 그가 60회의 생일을 맞던 날 그는 저명한 재계 인사들을 불러 멋진 생일 파티를 열었다. 그때, 파티에 참석한 한 기자가 제안을 했다.

"선생님! 자서전을 하나 내시는 게 어떻습니까?"

"자서전이요? 나는 내 이름밖에 쓸 줄 모르는데 어떻게 자서전을 쓴단 말입니까?"

"정말인가요? 그렇다면 선생님이 글을 아셨다면 이보다 더 훌륭한 분이 되셨겠군요."

"모르시는 말씀입니다. 내가 만약 글을 알았더라면 난 은행의 수위밖에 되지 못했을 것입니다."

예화와 관련된 말씀

그러므로 우리가 믿음으로 의롭다 하심을 얻었은즉 우리 주 예수 그리스도로 말미암아 하나님으로 더불어 화평을 누리자 (롬 5:1).

14 | 하나님의 아들을 믿는 믿음

 대학 기숙사에 둘이서 함께 방을 쓰는 청년들이 있었다. 하루는 한 친구인 빌이라는 청년이 먼 길을 가야 할 형편이었는데 돈이 한 푼도 없기 때문에 무임승차를 할 수 밖에 없었다.

 길을 떠난 첫날밤에 그는 같이 방을 쓰는 친구의 부모님의 집을 찾아갔다.

 현관문을 두드렸을 때에 친구의 아버지가 나와서 굉장히 퉁명스러운 목소리로 "무슨 일이요?"하고 물었다.

 빌이란 청년은 "아드님을 잘 아는 친구입니다. 같이 방을 쓰고 있습니다."하고 대답했다. 그랬더니 그 아버지는 그야말로 벗은 발로 뛰어나와 빌을 집안으로 끌어들이고는 "여보! 이리 나와 보시요! 우리 아들을 알고 있는 아이가 왔소." 하고 소리를 치는 것이었다.

 그날 밤 친구네 어머니는 빌을 위하여 푸짐한 저녁식사를 준비해 주었고 식사를 마친 후에는 집을 떠나 있는 아들 이야기로 꽃을 피웠다.

잘 시간이 되자 빌은 손님을 위한 접객용 침실에서 제일 좋은 침실에서 잠을 잘 수가 있었고, 다음날 아침에는 더욱 좋은 음식을 먹었다.

빌이 떠나려고 하자 거칠고 인색하기로 소문난 친구의 아버지는 수표책을 꺼내어 빌이 목적지까지 갈 수 있는 충분한 돈을 선뜻 끊어주었다.

왜 이렇게 친절을 받을 수가 있었는가?

빌이 그 아들과 아는 사람이었기 때문이다. 하나님 아버지도 하나님의 아들 예수님의 이름으로 구할 때에 이렇게 주실 것이다.

 예화와 관련된 말씀

하늘로서 소리가 있어 말씀하시되 이는 내 사랑하는 아들이요 내 기뻐하는 자라 하시니라(마 3:17).

15 | 믿음과 신뢰

당신은 기차가 당신을 어떤 곳에 태워다 줄 수 있다고 믿지만 당신이 기차를 타고 그것이 당신을 목적지에 데려다 줄 것을 신뢰할 때에만 기차에 대한 믿음을 행사하는 것이다.

알렉산더 대왕에게는 그의 모든 전투 때마다 그를 따라다니는 좋은 의사 한 사람이 있었다. 그런데 그 의사를 질투한 어떤 사람이 그를 없애 버리고자 했다.

그래서 그 사람은 알렉산더 대왕에게 의사가 어느 날 아침 알렉산더 대왕의 컵에 독약을 넣을 계획을 세우고 있다고 편지를 써서 보냈다. 그 사람은 알렉산더 대왕이 그 의사를 당장 처형시킬 것으로 생각했던 것이다.

그러나 그의 생각과는 달리 알렉산더 대왕은 식사 때 그 편지를 모인 사람들에게 읽어 주고 자기가 의사를 믿는다는 것을 보여 주기 위해서 컵을 집어 그 안에 든 것을 마셨다.

그것은 그 의사에 대한 믿음이었다. 그는 의사를 믿고 그 의사를 신뢰하였다.

복음은 이처럼 단순하다. 성경이 예수님에 관해서 말하는 모든 것을 믿는 사람은 그의 영혼과 영원한 행복을 걸고 예수님을 신뢰하게 된다.

예화와 관련된 말씀

보라 하나님은 나의 구원이시라 내가 신뢰하고 두려움이 없으리니 주 여호와는 나의 힘이시며 나의 노래시며 나의 구원이심이라(사 12:2).

너는 마음을 다하여 여호와를 신뢰하고 네 명철을 의지하지 말라(잠 3:5).

이에 백성들이 아침에 일찍이 일어나서 드고아 들로 나가니라 나갈 때에 여호사밧이 서서 이르되 유다와 예루살렘 주민들아 내 말을 들을지어다 너희는 너희 하나님 여호와를 신뢰하라 그리하면 견고히 서리라 그의 선지자들을 신뢰하라 그리하면 형통하리라 하고(대하 20:20).

16 | 믿음

갈릴레이(1564~1642)는 베네치아 공화국의 파도바대학에서 기하학과 천문학을 강의하는 교수였다.

그 당시에는 천동설(天動說)을 믿고 있던 때였는데, 그것은 바로 태양과 달과 별들이 지구를 중심으로 돌고 있다는 원리이다.

그런데 어느 날 그 당시 갓 발명된 망원경으로 천체를 관찰하다가 갈릴레이는 마침내 천동설이 잘못된 것임을 발견하게 된다.

그의 이론은 태양을 중심으로 지구를 위시해서 각종 행성들이 돌고 있음을 주장했다. 그것이 바로 지동설(地動說)이다. 천하만민이 천동설을 굳게 믿고 있었기 때문에 거센 반발을 하고 나섰다.

가톨릭에서도 교리적으로 천동설을 주장하고 있었으니까 그 당시 상황이 어떠했으리라는 것은 짐작할 수 있다.

그러나 끝까지 자신의 주장을 그는 굽히지 않았다. 그것이 분명 확실한 진리이고 자신의 눈으로 그것을 확인했기 때문에 그들의 반발과 위협 앞에서도 굴할 수가 없었던 것이다. 진리 앞에서 비진리라고 말할 수가 없었던 것이다.

오늘날을 보라, 그 누가 갈릴레이의 지동설을 부인하는 자가 있는가?

그는 완벽한 승리를 얻어낸 것이다. 진리는 진리이다. 그 진리는 반드시 들어나게 되어 있는 것이다.

 예화와 관련된 말씀

그러므로 예수께서 자기를 믿은 유대인들에게 이르시되 너희가 내 말에 거하면 참으로 내 제자가 되고 진리를 알지니 진리가 너희를 자유롭게 하리라(요 8:31,32).

17 | 목숨보다 귀한 것

로마 공화국과 카르타고 제국 사이에 벌어진 전쟁을 우리는 포에니 전쟁이라고 부른다. 이 전쟁에서 로마는 카르타고의 숨통을 완전히 끊어 전쟁에 종지부를 찍었다.

이때의 일어난 이야기이다. 카르타고 군은 로마의 레규러스 장군을 포로로 잡게 되었다.

처음에 카르타고 군은 레규러스 장군을 죽이려고 했으나 그것보다는 그를 휴전 협상에 이용하는 것이 좋겠다는 판단을 내렸다.

"레규러스 장군! 우리는 로마와 휴전하기를 원합니다. 장군께서 휴전을 주선해 주십시오. 장군의 주선에도 불구하고 로마가 이에 응하지 않을 경우 장군은 다시 이 감옥으로 돌아올 것을 약속해 주시오."

레규러스 장군은 그들의 요구를 받아 로마로 돌아갔다.

로마로 돌아온 레규러스 장군은 황제에게 자신이 포로에서 돌아올 수 있게 된 사정을 자세히 설명했다.

"저는 휴전을 주선하라는 요구를 받고 돌아 왔습니다만 이에 응하지 말라고 말씀드립니다. 지금 카르타고는 심한 혼란 속에 있기 때문에 우리가 조금만 더 버티면 그들은 곧 스스로 망하고 말 것이기 때문입니다."하고 보고를 드렸다.

그리고 자신은 그들과의 약속에 따라 카르타고로 다시 돌아가야 한다고 말했다.

이 말을 들은 많은 사람들은 돌아가지 말라고 만류했으나 그는 이를 뿌리치고 단호히 말했다.

"아닙니다. 나는 돌아가야 합니다. 내가 돌아가지 않는다면 그들은 '로마인들은 모두 거짓말쟁이다.' 라고 비웃을 겁니다. 이것은 나 개인이 아닌, 로마 제국 전체의 명예와 신의와 관계되는 일입니다. 비록 적과의 약속이지만 지킬 것은 지켜야 합니다."

그리고는 죽음이 기다리고 있는 카르타고로 돌아갔다.

 예화와 관련된 말씀

그 눈은 망령된 자를 멸시하며 여호와를 두려워하는 자를 존대하며 그 마음에 서원한 것은 해로울지라도 변치 아니하며 (시 15:4).

18 | 겨자씨를 포켓에 넣고 다녀

　영국의 쟌 월턴이라는 사람은 26살 때까지 되는대로 인생을 산 사람이었다.

　물결치는 대로 바람 부는 대로 인생을 살았다. 어느 것 하나 오랫동안 집착하는 법이 없고 여기저기 기웃거리며 방랑생활을 하다시피 살았는데, 후에 자신을 돌이켜 보고 크게 반성을 했다고 한다.

　깨달은 바가 있어 술, 담배를 끊고 1실링(영국화폐)씩 받는 보수가 적은 점원생활을 시작했다.

　그런데 하루는 그가 교회에 나가서 설교를 듣는데 "겨자씨만한 믿음이 있으면 산을 옮기라고 하면 옮길 것이요"라는 말씀을 듣고 큰 깨달음을 얻게 되었다.

　"그렇다. 내가 아주 작은 겨자씨만한 믿음만 있다면 불가능이 없는 삶을 살 수 있다고 하지 않았는가? 그렇다면 나에게도 얼마든지 성공할 수 있는 기회는 주어져 있다."

　이와 같은 믿음을 가지고 그 다음부터는 겨자씨를 날마다 포켓에 넣어 가지고 다녔다.

평생 동안 겨자씨를 넣어 다녔다고 한다. 그는 후에 유명한 실업가로 크게 성공을 했다. 겨자씨의 교훈이 그를 크게 만들었던 것이다.

그리고 71세에 은퇴할 때에 엘리자베스 2세로부터 작위를 받은 적도 있다.

사람들이 그에게 "당신은 왜 항상 겨자씨를 포켓에 넣어 가지고 다닙니까?"라고 물었을 때, 윌턴은 "나는 좌절할 때마다 이 겨자씨를 내어보며 하나님이 겨자씨만한 믿음이 있다면 못하는 것이 없다고 말씀하셨음을 상기시키며 '과연 나에게 겨자씨만한 믿음이 있는가?' 반문하며 나를 돌이켜 보고 다시 용기를 얻었습니다."라고 대답했다.

 예화와 관련된 말씀

보라 그의 마음은 교만하며 그 속에서 정직하지 못하나 의인은 그의 믿음으로 말미암아 살리라(합 2:4).

깨어 믿음에 굳게 서서 남자답게 강건하라 너희 모든 일을 사랑으로 행하라(고전 19:13,14).

19 | 믿음의 뿌리

　어떤 초등학교 3학년 교실에서 한 어린이가 앞에 나와 무엇인가를 열심히 발표하고 있었다. 칠판에는 '뿌리'라는 글씨가 크게 적혀 있었다.
　"우리는 충청북도 청주가 고향이래요. 또 나는 전주 이씨 7대손이구요. 그리고 우리 증조할아버지는 지금도 청주에서 교장 선생님을 하고 계십니다. 그리고 우리 아버지는 큰 무역회사 과장님이세요. 나는 훌륭한 우리 집안이 자랑스럽습니다."
　지난 밤 아버지에게 들은 집안에 대해 자랑스럽게 발표를 끝낸 그 어린이는 어깨를 으쓱이며 자리에 가서 앉았다.
　그리고 계속해서 다른 어린이들이 차례대로 한 명씩 나와 자기 조상들과 가족들에 대해 준비해 온 내용을 열심히 발표하고 있었다.
　그런데 한 어린이가 발표를 막 끝내고 들어가고, 이어 나오는 어린이를 본 순간 선생님은 당황하지 않을 수 없었다. 지금 조용히 걸어 나오는 그 어린이는 고아원에 사는 부모가 없는 아이였기 때문이다. 선생님은 그 아이 마음에 커다란 상처를 주고 말았다는 자책감에 어찌할 바를 몰랐다.

그러나 그 아이는 선생님의 당황스러워하는 모습과는 대조적으로 조금도 주저함 없이 단상에 섰다. 그리고 이렇게 얘기를 시작해 나가는 것이었다.

"우리 아버지는 하나님이에요. 우리 아버지는 많은 자녀를 가지고 계신답니다. 그래서 나에게도 아주 많은 형제들이 있어요. 그리고 우리 아버지는 이 세상의 주인이세요. 사랑도 아주 많구요."

그 아이를 보는 선생님의 두 눈에는 어느 새 감격의 눈물이 흘러내리고 있었다.

 예화와 관련된 말씀

너희는 다시 무서워하는 종의 영을 받지 아니하고 양자의 영을 받았으므로 우리가 아빠 아버지라고 부르짖느니라(롬 8:15).

너희가 아들이므로 하나님이 그 아들의 영을 우리 마음 가운데 보내사 아빠 아버지라 부르게 하셨느니라(갈 4:6).

20 | 목회자의 10가지 자격

M. 루터가 말하는 목회자의 10가지 자격은 다음과 같다.

1. 평범하고 질서 있게 가르칠 수 있어야 한다.
2. 훌륭한 머리가 있어야 한다.
3. 언어에 능숙해야 한다.
4. 좋은 목소리를 가지고 있어야 한다.
5. 좋은 기억력을 가지고 있어야 한다.
6. 설교를 접고 끝낼 때를 알아야 한다.
7. 자기가 하려고 하는 말을 확실하게 믿어야 한다.
8. 진실을 위해 자기의 몸, 영혼, 재물, 명예를 바칠 각오를 해야 한다.
9. 부지런히 공부를 해야 한다.
10. 고난과 비난을 참고 견뎌야 한다.

다른 일에서와 마찬가지로 목회의 최종 한계는 게으름이다. 법률가는 작년에 사용한 소송사건의 적요를 다시 사용할 수 없다. 의사는 지난주의 진단에 의존할 수 없다. 상인은 10년 동안의 단골이 다른 곳에서 유혹 받지 않을 것이라고 장담할 수는 없다.

그리고 설교가는 방심하지 말아야 한다. 항상 활기차게 성장하는 사람이어야 한다.

허옇게 바랜 머리카락을 염색할 것이 아니라 뇌를 푸르고 싱싱하게 염색하라.

생각을 신선하게 하고 말을 열렬하게 하라. 설교는 마치 빵과 같다. 빵은 신선할 때 맛이 있다. 한 달이 지난 빵은 자르기 어렵고 먹기는 더욱 어려우며 무엇보다도 소화시키기에 가장 어렵다.

 예화와 관련된 말씀

믿음이 없이는 하나님을 기쁘시게 하지 못하나니 하나님께 나아가는 자는 반드시 그가 계신 것과 또한 그가 자기를 찾는 자들에게 상 주시는 이심을 믿어야 할지니라(히 11:6).

21 | 축첩

선교사들이 한국에서 복음을 전할 때 큰 문제 가운데 하나가 축첩문제였다. 일단 교회에서 신앙생활을 시작한 사람은 첩을 얻으면 안 된다.

그러나 이미 첩이 있는 사람이 교회에 나오고자 할 때는 어떻게 해야 할까? 만일 첩을 보내야만 한다면 첩과 그 자녀들은 장래 어떻게 될 것인가?

한국 교회의 초대 선교사들 사이에서는 이런 문제에 대한 심각한 논란이 있었다.

물론 인간적으로 볼 때 가슴 아픈 일이기는 하지만 교회의 미래를 위해서도, 여인들의 미래를 위해서도 첩을 보내야 입교할 수 있도록 결정하였다. 그것이 성경의 가르침이다.

김 씨라는 사람이 본부인과 자녀 3명을 서울에 두고 목포에 내려와서 매력적인 젊은 여자와 결혼해 남매를 두었다. 그는 기독교병원에서 수술을 받게 되었고 이것이 계기가 되어 신앙을 받아들이게 되었다. 문제는 첩이었다.

그는 첩을 사랑했다. 김 씨는 오랜 갈등 끝에 첩에게 자신의 결심을 말하고 서울에 있는 부인을 내려오게 해 같이 살면서 신앙생활을 하였다.

첩의 가족은 분노하여 김 씨를 칼로 위협했다.

그러나 믿음대로 살기로 작정한 김 씨의 마음을 바꿀 수는 없었다. 김 씨는 비록 첩과 헤어졌지만 첩의 생활비를 모두 책임졌다.

결국 이런 김 씨의 태도에 감화를 받아 첩과 그의 어머니도 예수를 믿게 되었고, 김 씨의 첩은 기독교병원의 간호사로 일하게 되었다.

그 뒤 김 씨는 선교사의 조사로 일했고, 1918년에는 순천 지방에서 믿음의 장로가 되어 교회의 훌륭한 지도자로서 많은 일을 하였다.

 예화와 관련된 말씀

> 이르되 주 예수를 믿으라 그리하면 너와 네 집이 구원을 받으리라 하고(행 16:31).
>
> 믿음으로 기생 라합은 정탐꾼을 평안히 영접하였으므로 순종하지 아니한 자와 함께 멸망하지 아니하였도다(히 11:31).

22 | 전쟁 중에도 지킨 믿음

하세가와 다모쯔 장로는 일평생 예수님의 사랑으로 결핵 환자들과 고아와 미망인 그리고 불우한 노인들을 보살펴 일본을 사랑의 도가니로 융화시킨 인물이다. 그가 젊었을 때 중일전쟁에 출정하게 되었다. 그때 그는 "주여 저는 크리스천입니다. 지금 저는 싸움터에 나갑니다.

그러나 주님은 성서에서 '살인하지 말라, 너의 적을 사랑하라'고 하셨습니다. 원컨대 단 한사람도 상하지 않고 죽이는 일이 없도록 지켜 주옵소서. 저는 중국 사람을 사랑합니다. 미력이오나 할 수만 있다면 빨리 전쟁이 끝내도록 하는 일에 저를 써 주시옵소서."라고 철야기도를 했다.

그는 스스로 장교 되기를 거절했다. 그가 속한 군대의 창설 이래 '사람을 죽이기 위해서 군도와 권총을 살 돈 없습니다.'라고 신고하고 장교로서의 임관을 거절하고 일반 병으로 입대한 것이다. 일본 역사상 처음 있는 일이었다.

그 장로는 믿음을 가지고 기도하며 중국의 전쟁터에 갔다. 그런데 첫 출정에서 우연히도 중국에서 홍수를 만나게 되었고 홍수로 인하여 강변에서 물에 빠진 한 어린아이를 구해 주게 되었다.

계속해서 홍수로 집과 가축, 식량, 가족까지 떠내려 보낸 많은 수재민들에게 구호양식을 공급하고, 많은 환자들을 돌보는 일을 하게 되는 일에 앞장서게 되었다.

결국 그는 기도한대로 중국대륙에서 4개월의 전쟁기간을 보내면서 그 동안 한 사람의 중국 사람도 다치게 하지 않았고, 죽이지도 않았고, 오히려 수백 명이 넘는 중국 사람을 죽음으로부터 구원할 수 있었던 것이다. 그는 일본의 집을 떠나기 전의 철야기도가 응답되어진 것으로 믿고 감사했던 것이다.

여러분도 그 같은 기도를 해 보라. 기도에는 어떤 조건도 필요치 않다. 오직 믿음이라는 조건만 충족되면 되는 것이다.

 예화와 관련된 말씀

> 그러므로 내가 너희에게 말하노니 무엇이든지 기도하고 구하는 것은 받은 줄로 믿으라 그리하면 너희에게 그대로 되리라 (막 11:24).

23 | 믿어주는 능력

C. S 루이스의 「순전한 기독교」에 이런 이야기가 나온다. 어떤 못생긴 남자가 있었다. 눈도 작고, 머리카락도 없는 사람이었다. 고심 끝에 잘생긴 얼굴의 가면을 만들어 쓰고 다녔다. 그렇게 가면을 쓰고 10년 넘게 살았다. 나중에는 가면을 쓰지 않았는데도 그 남자의 얼굴이 가면의 얼굴로 변해 있었다. 가면에 눌려서 그렇게 됐다는 것이다.

위장이 현실이 된 것이다. 루이스는 이것을 복음의 본질과 연결시킨다. 복음이란 실상은 그렇지 않은데, 그렇다고 간주해 주는 것이다. 별로 친하지 않아도 친한 척하면 진짜 친해진다. 별로 기쁘지 않아도 기쁜 척하면 정말 기뻐진다.

윌리엄 제이스는 같은 취지로 이렇게 말했다. "행복하기 때문에 웃는 것이 아니라 웃기 때문에 행복해진다." 그렇다고 생각하고 가장하면 현실이 되곤 한다.

돌이 지나지 않은 갓난아기는 말을 알아듣지 못한다. 그런데 아기를 키우는 엄마는 아기가 마치 알아듣고 있는 것처럼 아기와 대화를 한다. 젖 많이 먹었니? 배불러? 기분 좋아? 못 알아들어도 알아듣고 있는 것처럼 말을 계속해 줄 때, 비로소 아이가 말을 배우는 것이다. 외국어를 공부할 때도 마찬가지이다. 몰라도 알아듣는 것처럼 능청스럽게 아무 대답이든 자꾸 해보는 사람이 외국어를 금방 배운다.

설교도 마찬가지이다. 성도들이 모든 것을 다 알아듣지 못한다. 그러나 설교자는 성도들이 모든 것을 다 알아듣고 있는 것처럼 힘차게 설교하면, 결국 모든 성도가 깨닫게 된다는 사실을 알고 있다. 가장하면 현실이 된다.

믿음이란 인식의 변화이다. 복음은 정죄, 비판이 아니다. 복음의 시각은 현재의 모습이 아니라 변화된 모습을 바라보는 것이다.

복음은 믿어주는 능력, 기대하는 능력, 인정하는 능력이다. 부족하더라도 아름다운 모습으로 믿어줘라. 믿는 대로, 인정한 대로 변화된 모습을 만나게 될 것이다.

예화와 관련된 말씀

> 너는 말씀을 가지고 여호와께로 돌아와서 아뢰기를 모든 불의를 제거하시고 선한 바를 받으소서 우리가 수송아지를 대신하여 입술의 열매를 주께 드리리이다(호 14:2).

24 | 붙잡는 힘

내가 이미 작고한 상원의원이었던 휴버트 함프리씨와 가까운 친구였던 것은 나의 기쁨이고 자랑이었다.

그가 생명이 위험한 병 때문에 큰 수술을 받기 위하여 뉴욕 시에 있다는 말을 들었을 때, 나는 그에게 전보를 보냈다.

전화가 울렸다. 그리고 그 유명한 상원의원이 나에게 말하였다.

"여보세요. 바브. 내가 자네의 격려를 붙들고 있다는 것이 정말로 기쁘다네."

그의 음성은 강하게 들렸다. 그가 계속했다.

"몇 시간 안으로 큰 수술을 받으려고 하네. 난 단지 자네의 고무적인 전문에 감사하고 싶다네. 내 참모가 막 전문과 편지를 산더미처럼 갖고 왔다네. 그가 단정하게 정리를 해서 갖고 왔는데 그 중에 몇 개를 읽어보았지. 그런데 누구 전문이 맨 위에 있었는지 짐작하겠는가?"

내가 대답하였다.

"그거야 분명 미합중국 대통령으로부터 온 전문이겠지."

웃으면서 그가 말했다.

"아니야. 바브. 당신께 맨 위야. 지금 바로 내 앞에 있다네. 난 이 순간에 그것으로부터 능력과 힘을 받고 있다네. 자네가 나한테 보낸 것을 자네한테 읽어 주겠네."

그리고 그가 읽었다.

"하나님께서 이 성경 구절을 자네한테 보내기를 원하셨네. 너희를 향한 나의 생각은 내가 아나니 재앙이 아니라 곧 평안이요 너희 장래에 소망을 주려하는 생각이라."

뒤에 그 상원의원은 이 성경구절이 어두운 때에 그에게 붙잡을 수 있는 힘을 주었다고 종종 나에게 말하였다. 붙잡는 힘은 자신의 믿음에 산도 움직일 수 있는 힘을 더하여 주는 것이다.

 예화와 관련된 말씀

평안을 너희에게 끼치노니 곧 나의 평안을 너희에게 주노라 내가 너희에게 주는 것은 세상이 주는 것과 같지 아니하니라 너희는 마음에 근심하지도 말고 두려워하지도 말라(요 14:27).

25 | 순례자의 시선

뉴욕 메트로폴리탄 미술관에 유명한 한 폭의 그림이 걸려 있다.

그 그림은 진리를 찾아 순례하는 자의 모습을 표현한 것인데 한 순례자 무리가 빛나는 거룩한 도성을 향해 걸어가고 있다.

멀리에는 빛나는 탑들과 높은 첨탑들이 희미하게 보인다.

그러나 이것들은 지금 이 순례자들이 올라가고 있는 언덕으로 말미암아 가려져 있다.

그 까닭에 순례자들은 그들의 즐거운 목적지를 보지는 못하나 그들이 걷고 있는 앞길의 구름 위로 희미하게 그리스도와 같은 형상이 나타나 보여서 순례자들은 모두 다 그 곳에 그들의 시선을 집중하고 있는 광경이 그려져 있다.

비록 그들은 그들의 여행의 끝은 보지 못하였지만 그들은 예수님을 볼 수 있으며, 또한 그들이 걸어가는 길 앞에 예수님의 형상을 잃지만 않으면 언젠가는 반드시 천국에 도달할 수 있음을 확신하고 있는 희망에 가득 찬 표정을 하고 있는 그림이다.

이처럼 예수 그리스도는 언제나 우리의 다난한 인생행로에 앞장서서 우리를 인도하시는 우리 신앙의 안내자다. 히브리서 기자는 외친다.

"믿음의 주요 또 온전케 하시는 이인 예수를 바라보자"라고 말이다.

 예화와 관련된 말씀

> 믿음의 주요 또 온전하게 하시는 이인 예수를 바라보자 그는 그 앞에 있는 기쁨을 위하여 십자가를 참으사 부끄러움을 개의치 아니하시더니 하나님 보좌 우편에 앉으셨느니라(히 12:2).

04
여호와를 앙망하는 자

오직 여호와를 앙망하는 자는 새 힘을 얻으리니 독수리가 날개 치며 올라감 같을 것이요 달음박질하여도 곤비하지 아니하겠고 걸어가도 피곤하지 아니하리로다(사 40:31).

01 | 노만 빈센트필과 비행기

노만 빈센트필이라는 목사님 한 분이 계셨는데, 어느 날 플로리다에서 뉴욕으로 집회를 인도하러 가기 위하여 비행기를 탔는데 큰 비행기에 혼자 타시게 되었다.

그래서 조종사 옆 좌석으로 가서 앉아 여러 가지 이야기를 하며 가는 도중에 갑자기 날씨가 나빠지며 비행기가 흔들리기 시작했다.

그때에 조종사가 목사님께 구명대를 입으시라고 하니까 목사님이 벌벌 떨며 어떻게 되는 거냐고 물으셨다.

마침 비행기가 필라델피아 상공을 날 때 목사님이 필라델피아에도 친척이 있으니까 여기에 내리자고 하는 것이다. 그러나 조종사는 목사님의 목적지가 뉴욕이니까 거기로 가자고 했을 때 목사님의 얼굴은 사색이 되어 있었다.

그러는 중 비행기가 무사히 뉴욕에 도착하게 되었다. 목사님이 내리면서 미안한 얼굴로 어떻게 뉴욕까지 올 수 있느냐고 물었을 때, 조종사가 껄껄 웃으면서 하는 말이 "오랜 시일에 걸쳐 여러 번 경험을 했으니까 그렇게 운전할 수 있었던 것이고, 또 한 가지 더욱 중요한 것은 믿음이지요."라고 했을 때 목사님이 "믿음?" 하고 생각해 보니 자기가 벌벌 떨었던 것이 믿음이 없었던 것을 깨달았다고 한다.

우리는 그리스도라고 하는 비행기를 탔다. 아무리 거센 바람이 불어와도 도중에 우리가 여기 내리자 저기 내리자 할 수 없는 것이다. 하나님께서 직접 핸들을 잡고 운전하시고 계신다.

여기서 우리는 하나님의 더 큰 사랑, 더 큰 능력, 더 큰 지혜와 함께 하나님의 주권에 의하여 직접 행사되어 진다는 사실을 믿어야 할 것이다. 이것이 믿음이며, 여기에 우리의 담력과 인내와 진정한 평안이 있다.

 예화와 관련된 말씀

주께서 심지가 견고한 자를 평강하고 평강하도록 지키시리니 이는 그가 주를 신뢰함이니이다 너희는 여호와를 영원히 신뢰하라 주 여호와는 영원한 반석이심이로다(사 26:3,4).

02 | 젊은 병사의 서원

 미국 남북전쟁 때의 일이다. 전투가 끝난 밤에 연합군 소속인 스물 한 살의 젊은 장교가 중상을 입은 채 쓰러져 있었다. 위생병들이 이 장교를 쳐다보고는 말했다.
 "죽었어, 숨을 쉬지 않는 걸."
 그리고는 위생병은 돌아갔다.
 하지만 고향에서는 장교의 아버지와 어머니는 아들을 위해 날마다 기도했다. 그러나 아들은 무신론자로 자처했다.
 하지만 그의 아버지와 어머니는 기도하는 것을 멈추지 않았다. 장교는 누운 채로 의식이 회복되었고 그 순간 부모님의 믿음이 생각났다. 그리고 그 순간 그는 마지막으로 하나님을 향하여 기도했다.
 '만일에 나를 살게 해 준다면 남은 인생을 하나님께 봉사하겠습니다.'
 인생의 위기가 닥쳐서야 비로소 하나님을 생각하게 된 것이다. 다음 날 아침 위생병이 다시 그곳을 지나다가 아직 살아있는 그 장교를 발견하고 병원으로 옮겨졌다. 그는 군목을 불러 그리스도인이 되려 했던 얘기를 털어놓았다.

무엇이 전장에서 부상당하고 쓰러진 장교를 위생병이 발견할 수 있도록 하였겠는가? 위생병들도 그 가능성을 보지 못했다. 그러나 하나님께서 이 청년에게 손을 뻗치시고 다시 고쳐 만드신 것이다. 그리고 하나님께 봉사하기로 서약했던 그의 남은 삶에서 무슨 일이 나타났는가?

그는 필라델피아의 템플 대학교와 세 개의 종합병원을 설립하였다. 필라델피아 침례교회도 그의 헌신에서 나온 것이다. 그는 20여권의 저서를 내었고 수천 명의 영혼을 구원시켰다.

그 청년이 곧 미국이 배출한 가장 기적적인 인물 중 한 사람인 러셀 콘웰이다. 하나님은 그를 부서뜨리고 나서 그에게 봉사하는 적절한 그릇으로 다시 고쳐 만드셨다.

 예화와 관련된 말씀

> 나 여호와가 의로 너를 불렀은즉 내가 네 손을 잡아 너를 보호하며 너를 세워 백성의 언약과 이방의 빛이 되게 하리니(사 42:6).

03 | 곧은 믿음

처칠이 급한 일 때문에 운전사에게 차를 급히 몰게 했다. 그런데 경찰관이 수상을 태운 자동차가 과속으로 달리는 것을 보고 재빨리 차를 세웠다.

"수상께서 타셨소."

면허증 제시를 요구하는 경찰관에게 운전사가 말했다.

"알고 있지만 과속은 과속입니다. 딱지를 떼겠으니 벌금을 내십시오."

경찰관이 끄덕도 하지 않자 이번에는 처칠이 직접 나섰다.

"이봐! 내가 누군 줄 아나?"

처칠이 그 특유의 여송연을 입에 문 채 언성을 높였다.

"네, 얼굴은 수상 각하와 비슷하지만 법을 지키는 것은 비슷하질 않습니다."

그는 천연덕스럽게 대답했다. 결국 처칠은 범칙금을 물었다. 처칠은 의회에서 업무를 마치고 올라와 경시총감을 불렀다.

그리고 그 경찰관을 불러 특진을 시키라고 했다. 하지만 경시총감은 과속차를 적발했다고 특진시키는 규정은 없다고 거절했다.

우리는 경찰관과 경시총감처럼 우리의 삶에서 그리스도인이 지켜야 할 법을 준수하며 살고 있는가?

 예화와 관련된 말씀

너희는 내 법도를 따르며 내 규례를 지켜 그대로 행하라 나는 너희의 하나님 여호와이니라(레 18:4).

너희는 내 규례를 행하며 내 법도를 지켜 행하라 그리하면 너희가 그 땅에 안전하게 거주할 것이라(레 25:18).

04 | 닉 부이치치의 믿음과 열정

 호주의 부리즈번에서 목사의 아들로 태어난 아기가 있었다. 불행하게도 그 아기는 테트라 아멜리아 병을 갖고 있어서 선천성 장애우의 삶을 시작하게 되었다. 그의 이름은 닉 부이치치(*Nicholas James Vujicic*)이다.
 그는 두 팔과 두 다리가 없는 청년이다. 히프 밑으로 보이는 작은 발 하나로 책장을 넘기고 글을 쓰며 타이핑을 한다. 마치 정상적인 사람의 두 팔을 자르고 허벅지를 자른 다음에 작은 발 두 개를 그 허벅지의 절단 부위에 붙여 놓은 듯한, 슬프고 안타까운 모습을 가진 사람이 닉 부이치치이다. 그는 모든 고통을 하나님의 말씀으로 이겨냈을 뿐만 아니라, 호주에 있는 그리피스 대학에서 회계학과 재무학을 복수전공 했다.
 예수 그리스도 안에서 새로운 인생을 살아가는 하나님의 사람이 닉 부이치치이다. 그는 결혼을 해도 아내의 손을 잡을 수 없고, 아이들의 눈에서 흐르는 눈물을 닦아줄 수 없을 뿐만 아니라, 아무 것도 할 수 없는 절망적인 상황을 담대한 믿음으로 이겨냈다. 그는 피 눈물이 나는 끈질긴 노력의 결과로, 지금은 골프도 치고, 농구와 수영을 하며 컴퓨터의 자판을 마음대로 사용할 수 있게 되었다. 왼쪽 발가락 두 개로 성경을 착착 넘겨가면서 정확하게 성구를 찾아내는 열정의 사람이기도 하다. 그는 지금도 좋은 구두 한 켤레를 잘 보관하고 있다며 사람들에게 자랑을 한다.

그 이유는 하나님께서 기적을 베풀어주시면 자신의 손과 팔이 쑥쑥 자라나고, 발과 다리도 생겨서 정상적인 인간이 될 수 있을 것이라는 큰 믿음이 있기 때문이다.

혹시, 하나님께서 자신에게 놀라운 기적을 베풀어주시지 않아도, 그는 진심으로 모든 것들을 감사할 수 있다고 고백한다.

신체가 비정상적이고 이동하기에 불편한 몸이지만, 온 세계를 다니며 간증할 수 있음을 하나님께 감사하는 놀라운 희망의 전도사가 닉 부이치치이다.

 예화와 관련된 말씀

> 헐몬의 이슬이 시온의 산들에 내림 같도다 거기서 여호와께서 복을 명령하셨나니 곧 영생이로다(시 133:3).

05 | 믿음의 기동성

　칭기즈칸은 유목민이었다. 그는 기동성 하나로 전 세계를 점령했다. 그는 이렇게 말했다.
　"집안이 나쁘다고 탓하지 말라. 나는 아홉 살 때 아버지를 잃고 마을에서 쫓겨났다.
　가난하다고 말하지 말라. 나는 들쥐를 잡아먹으면서 연명했고, 목숨을 건 전쟁은 내 직업이고 내 일이었다. 작은 나라에서 태어났다고 말하지 말라. 그림자 말고는 친구도 없고 병사는 10만 명, 백성은 어린애와 노인까지 합쳐 200만 명도 되지 않았다.
　배운 것이 없고 힘이 없다고 탓하지 말라. 나는 내 이름도 쓸 줄 몰랐으나, 남의 말에 귀 기울이면서 현명해 지는 법을 배웠다. 너무 막막하다고 그래서 포기해야겠다고 말하지 말라. 나는 목에 칼을 쓰고도 탈출했고, 뺨에 화살을 맞고 죽었다가 살아나기도 했다. 원수는 밖에 있는 것이 아니라, 내 속에 있다. 내게 거추장스러운 것을 깡그리 쓸어버리고, 나를 극복하자마자 나는 칭기즈칸이 되었다."

우리가 예수님을 따르는 제자라면 칭기즈칸보다도 더 과감하게 얽매이기 쉬운 거추장스러운 것들은 떨쳐버려야만 한다. 말을 타고 달리는 기동성이 아니라, 믿음의 기동성을 갖고 달려 나가자.

나에게 있어 거추장스러운 것은 무엇인가?

 예화와 관련된 말씀

푯대를 향하여 그리스도 예수 안에서 하나님이 위에서 부르신 부름의 상을 위하여 달려가노라(빌 3:14).

그가 모든 것보다 스스로 크다 하고 그의 조상들의 신들과 여자들이 흠모하는 것을 돌아보지 아니하며 어떤 신도 돌아보지 아니하고(단 11:37).

06 | 구덩이 속의 아버지

제2차 세계대전 중 독일의 런던 대공습 기간에 있었던 일이다. 한 아버지가 어린 딸의 손을 잡고 폭탄 맞은 건물에서 달려 나왔다. 마당 앞에는 며칠 전 투하된 포탄 때문에 커다란 구덩이가 생겨져 있었다.

가능한 빨리 은신처를 구해야 한다는 생각에 아버지는 그 구덩이 속으로 뛰어 들어가서 손을 들고 딸에게 따라 들어오라는 신호를 보냈다.

주위의 폭발에 겁을 먹은 데다 어두운 구덩이 속으로 들어간 아버지가 보이지 않자, 소녀는 "아빠, 아빠가 안 보여!" 하고 부르짖었다.

하늘은 백색 예광탄 불빛으로 환했고 불타는 건물 때문에 사방이 온통 붉게 물들어 있었다. 고개를 든 아버지는 구덩이 바로 앞에 선 딸의 윤곽을 향해 이렇게 소리쳤다.

"하지만 아빠는 네가 보여. 그러니까 뛰어!"

꼬마 소녀는 펄쩍 뛰었다. 아버지의 모습이 보여서가 아니었다. 아버지가 거짓말을 하지 않는다는 것과 자신을 위해

최선의 결정을 내린 것이라는 사실을 믿었기 때문이다.

우리는 하늘 아버지가 우리를 이끄시는 곳을 명확히 분별하지 못할 수도 있다. 그러나 그곳이 좋은 곳임은 신뢰할 수 있다. 그분의 영원하신 팔을 신뢰할 수 있다.

-「햇살 한 숟가락」/ 홍종락

 예화와 관련된 말씀

그가 너를 그의 깃으로 덮으시리니 네가 그의 날개 아래에 피하리로다 그의 진실함은 방패와 손 방패가 되시나니(시 91:4).

예루살렘아 예루살렘아 선지자들을 죽이고 네게 파송된 자들을 돌로 치는 자여 암탉이 제 새끼를 날개 아래에 모음 같이 내가 너희의 자녀를 모으려 한 일이 몇 번이냐 그러나 너희가 원하지 아니하였도다(눅 13:24).

07 | 병사의 믿음

　나폴레옹의 말이 도망쳤을 때의 이야기이다.
　날쌘 병사 하나가 자기 말을 타고서 장군의 말을 쫓아갔다. 그가 말고삐를 나폴레옹에게 건네주었을 때, 나폴레옹은 병사에게 미소를 지으며 이렇게 말했다.
　"고맙네, 대위."
　그 말을 들은 병사의 눈이 휘둥그레졌다. 그리고는 깜짝 놀라 얼른 차렷 자세를 하고서 경례를 붙였다.
　"감사합니다. 장군님!"
　그는 즉시 막사로 가서 짐을 챙겨들고 장교 숙소로 옮겨갔다. 그리고 낡은 군복을 벗어 병참 담당자에게 주고는 대위의 군복을 받아들었다.
　장군의 말 한 마디에 그는 병사에서 장교로 바뀐 것이다.
　그는 따지지도 않았고, 사양하지도 않았으며, 의심하지도 않았다. 그가 아는 것은 그렇게 할 수 있는 힘을 가진 사람이 그렇게 했다는 것 뿐이었다.
　그리고 그는 그것을 받아들였다.

우리도 그럴 수 있다면, 그 병사의 믿음을 가질 수만 있다면, 하나님께서 우리에게 미소를 지으며 우리가 구원받았다고 말씀하실 때 그분에게 경례를 붙이고 감사하면서 살아갈 수 있다면 좋겠다.

- 「거친 세상에서 실패하거든」 / 맥스 루케이도

 예화와 관련된 말씀

> 예수께서 대답하여 이르시되 내가 진실로 너희에게 이르노니 만일 너희가 믿음이 있고 의심하지 아니하면 이 무화과나무에게 된 이런 일만 할 뿐 아니라 이 산더러 들려 바다에 던져지라 하여도 될 것이요(마 21:21).

08 | 믿어줄 거라는 확신

 일 년 동안 이탈리아를 여행하고 프랑스 리옹으로 돌아온 의학자 라블레는 빈털터리 신세였다.

 당장 파리로 가는 여비를 마련해야만 했다. 마침 의사를 대상으로 하는 강연회에 참석하게 됐는데, 그에게도 15분이라는 짧은 시간이 주어졌다.

 문득 좋은 수가 떠올랐다. 그는 강연을 하면서 은연 중에 자신이 국왕을 암살 할 것이라는 암시를 했다. 당연히 강연이 끝나자마자 그는 경찰에게 체포당했고 파리로 강제 호송되었다.

 왕이었던 프랑소와 1세는 자신을 죽이려 했던 자가 잡혀왔다는 소식을 듣고 범인을 데리고 오라 명했다. 그런데 막상 그 범인이 자신의 절친한 친구인 라블레임을 확인하고 반가운 마음에 그를 꼭 껴안았다.

 라블레는 왕에게 말했다.

 "자네를 죽이려 했다는 말을 들었을 텐데, 내가 무섭지 않은가?"

"무섭긴! 난 자네를 믿네. 무슨 이유가 있었겠지."

"역시 내 친구로군. 여비가 다 떨어져 피리로 돌아오기 위해 내가 장난을 조금 쳤다네. 자네가 날 믿어 줄 거라는 확신이 있었거든."

예화와 관련된 말씀

그는 곧 너로다 나의 동료, 나의 친구요 나의 가까운 친우로다 (시 55:13).

사람이 친구를 위하여 자기 목숨을 버리면 이보다 더 큰 사랑이 없나니(요 15:13).

09 | 예수님을 믿어야지만

   스펄전은 소년시절에, 여러 회중교회에서 설교했던 아버지를 늘 따라다녔다. 한 번은 눈이 너무 많이 오는 바람에 아버지를 따라 나서기가 어려워 가까운 예배장소를 찾았다.
   1850년 1월의 추운 주일 아침이었다.
   그날 예배에는 초청 설교자가 말씀을 전했다.
   평신도 선교사였던 그 설교자는, "땅 끝의 모든 백성아 나를 앙망하라 그리하면 구원을 얻으리라"(사 45:22)는 본문으로 간단한 복음의 메시지를 전하던 도중에 스펄전을 바라보더니
   "젊은이여, 불행해 보이는군요."라고 말했다.
   그의 관찰은 정확했다. 그의 말은 스스로를 가장 불행한 사람으로 생각하고 있었던 스펄전의 마음에 정확히 꽂혔다.
   설교자는 계속 말을 이었다.
   "본문의 말씀에 복종하지 않는다면 젊은이는 살았을 때나 죽었을 때나 항상 불행할 것입니다. 하지만 본문의 말씀에 복종하면 구원을 받을 것입니다. 젊은이여, 예수 그리스도

를 바라보십시오. 다른 것은 필요치 않습니다. 오직 그분을 바라보면 살 것입니다."

스펄전은 훗날 이때를 회고하며, "바로 그 순간에 모든 구름이 사라지고, 어둠이 물러갔습니다. 태양이 드러나는 순간, 나는 즉시 일어나 예배 참석자들 가운데 가장 열띤 음성으로 예수 그리스도의 보혈을 찬양했으며, 오직 그분만을 바라보는 단순한 신앙을 갖게 되었습니다."라고 말했다.

믿음으로 응답한 스펄전은 진정으로 죄를 뉘우치고 그리스도를 따르기로 다짐했다.

-「스펄전의 리더십」/ 래리 J. 마이클

 예화와 관련된 말씀

또 너희가 내 이름으로 말미암아 모든 사람에게 미움을 받을 것이나 끝까지 견디는 자는 구원을 얻으리라(마 10:22).

오직 여호와를 앙망하는 자는 새 힘을 얻으리니 독수리가 날개 치며 올라감 같을 것이요 달음박질하여도 곤비하지 아니하겠고 걸어가도 피곤하지 아니하리로다(사 40:31).

10 | 믿음으로 이끌라

조지 뮬러는 경건한 크리스천 아내를 둔 부유한 독일 사람에 대한 이야기를 한 적이 있다.

이 사람은 술을 무척 좋아했는데 그날도 친구들과 늦은 밤까지 술타령을 하고 있었다.

술에 취한 그는 친구들에게 아내 자랑을 했다.

"내가 장담하건대, 이 시간에도 아내는 자지 않고 나를 기다리고 있을 거야. 내가 들어가면 아마 대문까지 나와 우리를 왕같이 맞이할 걸세."

그 사람은 믿을 수 없어하는 친구들을 집으로 데리고 갔다. 고함지르는 남편의 목소리를 들은 아내는 문 앞까지 쫓아 나와 남편을 정중하게 맞이했다.

그리고는 상냥한 얼굴빛으로 저녁상까지 차려주었다.

남편과 친구들을 잘 대접한 그녀는 정중하게 인사를 하고 자기 방으로 들어갔다.

아내가 물러가자마자 친구 한 명이 남편을 나무랐다.

"자네는 어떻게 된 사람인가? 자네는 정말 나쁜 사람일

세."

그러면서 친구들은 모두 떠나버렸다.

갑작스런 상황에 술이 확 깬 남편은 아내 앞에서 자신의 악함을 뉘우치면서 자기를 위해 기도해달라고 요청했다.

그날 밤 이 술주정뱅이는 그리스도께 굴복했고, 나중에 헌신적인 그리스도의 제자가 되었다.

이야기를 마친 조지 뮬러는 다음과 같이 말했다.

"당신이 구원받지 않은 친척들로부터 고난을 당할 때 낙심하지 마십시오. 주님은 당신의 기도에 응답하실 것입니다. 하지만 그 과정 동안에 그들의 행동을 책망하지 말고, 주 예수님의 온유와 친절, 자비로움을 나타냄으로 진리를 선전하십시오."

-「행복한 부부에게는 뭔가 특별한 것이 있다」/ 김병태

 예화와 관련된 말씀

> 누가 누구에게 불만이 있거든 서로 용납하여 피차 용서하되 주께서 너희를 용서하신 것 같이 너희도 그리하고(골 3:13).
>
> 모든 겸손과 온유로 하고 오래 참음으로 사랑 가운데서 서로 용납하고(엡 4:2).

11 | 베이오우션의 비밀

전에 내가 오리건 주에 살 때 우리 집에서 멀지 않은 곳에 비밀의 섬이 있었다. 그 섬의 비밀은 바다 속으로 가라앉아 버린 도시에 대한 것이었다. 20세기 초에 그 섬이 있던 자리에 아주 수려한 반도가 하나 있었다.

사람들은 그 반도에 도시를 세우고 '베이오우션'이라는 이름을 붙였다. 수많은 가정이 그 섬으로 와 집을 지었다. 해수면에서 43미터 높이에 있는 절벽에는 3층짜리 호텔도 생겼다. 해변은 포틀랜드에서 소풍 나온 사람들로 연일 북적거렸다. 그러나 베이오우션은 모래 위에 지은 도시였다.

그래서 어느 겨울, 폭풍우가 몰아치자 한 번에 한 채씩 베이오우션은 파도 속으로 고꾸라져 들어갔다. 1952년에 그 도시의 전부가 즉 호텔, 절벽, 그리고 반도의 대부분이 폭풍우에 깨끗이 씻겨가 버리고 말았다.

베이오우션의 버려진 모래사장에는 지금도 작은 등대가 하나 서 있다. 그 등대는 안개가 끼고 진눈깨비가 내리고 바람이 불고 캄캄한 밤이 되어도, 한결같이 그 자리에 서 있다. 도시는 아주 오래 전에 바다 속으로 침몰해 버렸는데, 왜 그 등대는 아직까지 그 자리에 있는 것일까? 조사해 봤더니, 그 등대는 해수면 위 60미터 지점의 단단한 바위 위에 세워져 있었다.

여러분이 '내 삶이 하나님께 어떤 것이 되면 좋을까' 하고 생각할 때, 부디 이 등대가 마음속에 떠오르기 바란다. 여러분이 진리를 듣고 행할 준비가 되어 있다면, 여러분은 자신의 삶을 자신 있게 세워 나갈 수 있다. 폭풍우와 시련이 닥쳐와도 여러분의 집은 굳건히 서 있을 것이다.

- 「묵상을 위한 하나님이 상 주시는 삶」 / 브루스 윌킨슨 & 데이빗 콥

예화와 관련된 말씀

비가 내리고 창수가 나고 바람이 불어 그 집에 부딪치되 무너지지 아니하나니 이는 주추를 반석 위에 놓은 까닭이요(마 7:25).

집을 짓되 깊이 파고 주추를 반석 위에 놓은 사람과 같으니 큰 물이 나서 탁류가 그 집에 부딪치되 잘 지었기 때문에 능히 요동하지 못하게 하였거니와(눅 6:48).

12 | 끝까지 승리하는 삶

사역 초기에는 미식축구 최종 결승전인 '슈퍼볼'(*Super Bowl*) 경기 중간에 펼쳐지는 화려한 쇼처럼 영적으로 굉장한 모습을 하고 등장했다가, 마지막에 사라질 때는 정말 초라하기 그지없는 모습으로 퇴장하는 유명한 크리스천들이 간혹 있다.

폭죽이 요란스럽게 연기만 피우고 터지지 않으면 관중이 매캐한 연기로 괴로움을 당하는 것처럼, 이런 사람들은 우리에게 고통만 안겨 주고 떠나간다. 많은 크리스천이 일상적으로 이런 경험을 하고 있지만, 이것은 성경이 묘사하는 정상적인 크리스천의 삶과는 거리가 멀다.

대부분의 크리스천은 하루에도 수백 번씩 죄를 짓는 것을 어쩔 수 없다고 생각한다. 그래서 그들은 자신이 죽거나 예수님이 오실 때까지 이런 운명론적인 삶의 방식에 안주한다. 그러나 성경은 예수 그리스도의 죽음과 부활, 승천, 그리고 성령을 통해서 하나님이 우리에게 자유를 주신다고 가르친다.

그렇다면 왜 그리스도의 몸이 이런 자유를 누리지 못하고 있는가? 우리가 진리를 무시하고 있는 것은 아닌가? 그래서 우리가 절름발이 상태가 된 것은 아닌가? 내 경우에는 분명히 그랬다. 나는 하나님이 내 안에 이미 해결책을 설치해 놓으셨다는 것을 꿈에도 생각지 못했다. 혹시 당신도 나와 같을지 모르겠다.

만일 그렇다면 이제 하나님의 사랑의 편지를 읽어 보도록 하자. 그리고 승리를 획득하는 법을 가르쳐 주시는 유일한 분을 신뢰하자.

- 「하나님이 원하시는 크리스천」 / 빌 길햄

 예화와 관련된 말씀

악인에게는 많은 슬픔이 있으나 여호와를 신뢰하는 자에게는 인자하심이 두르리로다(시 32:10).

그가 하나님을 신뢰하니 하나님이 원하시면 이제 그를 구원하실지라 그의 말이 나는 하나님의 아들이라 하였도다 하며(마 27:43).

13 | 어린아이와 같은 믿음

어느 날, 다섯 살짜리 딸이 아빠에게 다가와 다소 괴로운 목소리로 물었다.
"아빠, 너무 더워. 수영장에 가면 안 돼?"
아빠는 딸에게 "나중에 가자꾸나." 하고 말했다.
자꾸만 "왜 오늘은 안 돼?" 하고 묻는 딸아이에게 아빠는 수영장에 갈 돈이 없다고 힘들게 설명해 주었다. 그러자 딸아이는 "하나님한테 부탁할 거야!" 라고 말하고는 약간 도전적인 태도로 자신의 방으로 뛰어 들어갔다.

호기심이 생긴 아빠는 방문 앞에 서서 딸이 하나님께 하는 기도를 들었다.
"하나님, 여기는 오늘 너무너무 더워요. 진짜 너무너무요. 난 수영장에 가고 싶어요. 아빠는 돈이 없어서 저를 데려갈 수 없대요. 그러니 제발 하나님이 어떻게 좀 해주실래요? 고맙습니다. 하나님, 아멘."

기도를 마친 아이는 수영복을 입었다.
그리고 목에다 수건을 두르고 현관을 향해 걸어가며 이렇게 선언했다.

"밖에 나가 하나님이 어떻게 하실 건지 기다릴 거야."

딸아이는 무릎에 팔꿈치를 붙이고 손에 턱을 받친 자세로 현관 앞 계단에 자리 잡고 앉았다.

바로 그때 전화가 울렸다.

전화를 한 사람은 이웃집 부인이었다.

"이웃끼리 서로 친해지면 좋겠어요. 컨트리클럽으로 수영하러 가려는데 함께 가면 어떨까요? 저희에게 무료 티켓이 있거든요."

아이의 아빠는 말했다.

"좋지요! 그런데 언제쯤 가실 계획이세요? 저희가 준비할 시간이 좀 필요한데요…."

그러자 이웃집 부인이 말했다.

"괜찮아요. 우리도 아직 준비가 전혀 안 됐어요. 사실은 몇 분 전까지만 해도 생각하지 않은 일이거든요."

-「내 인생을 바꾼 가족 사랑」 / 앨리스 그레이

 예화와 관련된 말씀

그러므로 내가 그리스도를 위하여 약한 것들과 능욕과 궁핍과 핍박과 곤란을 기뻐하노니 이는 내가 약할 그 때에 곧 강함이니라(고후 12:10).

14 | 하나님과 동행하시는 가시덤불

어떤 사람이 어린 딸과 함께 산에서 살며 양을 키우고 있었다. 그는 어느 날 양을 잃어버렸는데, 양은 가시덤불에 걸려 있었다. 그는 가시덤불에서 조심스럽게 양을 구해냈다. 그렇지만 양은 상처를 입어 피를 흘리고 있었다. 그러자 어린 딸이 울면서 말했다.

"아빠, 이 나쁜 가시덤불을 잘라버려요."

다음날 그들은 가시덤불을 치기 위해 손도끼를 가지고 갔다. 그들이 가까이 갔을 때 작은 새 한 마리가 그 가시덤불에서 양털을 한 입 물고 날아올랐다. 어린 딸은 아버지를 올려다보며 말했다.

"아빠, 하나님은 이 가시덤불이 여기 있어야 하는 좋은 이유를 갖고 계세요. 전 저 작은 새가 새끼를 키울 수 있는 둥지를 만들기 위한 부드러운 털을 가져가는 것을 보고 이 가시덤불을 자르지 말아야 한다고 생각했어요."

당신의 삶 속에 가시들이 생겨도 그것이 당신의 인생을 망치는 것이라고는 생각지 말라.

가시들은 상처만 줄 뿐 아무런 쓸모가 없는 것처럼 보일 수도 있다.

그러나 당신은 그 가시들을 통해서 당신을 위한 하나님의 계획들을 더 잘 이해하게 될 것이다.

당신이 나아가는 길에 가시덤불이 있더라도 근심하지 말라. 왜냐하면 하나님이 당신과 항상 동행하고 계신다는 믿음만 있으면 된다.

 예화와 관련된 말씀

우리 하나님 아버지와 주 예수 그리스도로 좇아 은혜와 평강이 있기를 원하노라(갈 1:3).

15 | 믿음은 동사다

 위대한 모험가들은 믿음을 명사가 아닌 '동사'로 본다. 믿음은 당신이 가진 어떤 것이 아니라, 당신이 행하는 어떤 것이다. 아벨에게 하나님이 기뻐 받으실 만한 제사를 드리게 하고, 노아에게 해가 쨍쨍 내리쬐어도 방주를 만들게 하며,

 아브라함에게 고향을 떠나게 하고, 다니엘에게 죽음의 위협 속에도 기도하게 하는 믿음은 행동으로 이어지는 믿음이다. 이런 믿음은 하나님이 말씀하신 대로 살고, 그분의 성품으로 인해 그 말씀이 진실인 것을 안다. 또 그 가운데 많은 대가가 포함돼 있다는 것도 안다.

 히브리서 11장에 실린 많은 이들은 하나님을 기쁘시게 했지만, 아직 약속된 나라를 보지 못했던 사람들이다.

 어떤 사람은 죽임을 당했고, 어떤 사람은 추방당했으며, 어떤 사람은 박해를 받았다.

 세상은 그들을 아무 쓸모없는 존재로 여겼다. 하지만 그들은 앞을 향해 힘차게 나아갔고, 위대한 모험을 감수했다. 왜냐하면 그것이 믿음의 일이기 때문이다.

위대한 크리스천은 안전하게 믿음 생활을 하지 않는다.

당신은 하나님이 당신에게 어떤 믿음의 발걸음을 내딛게 하신다고 생각하는가?

당신에게는 하나님이 뒤에 버려두기를 원하시는 무엇인가 혹은 누군가가 있는가? 아니면 다시 찾아가 잘못된 것을 바로 잡아야 하는, 당당히 맞서야 하는, 일어서서 대적해야 하는 무엇인가 혹은 누군가가 있는가?

사람들이 어떻게 생각할지에 대해 그만 걱정하고, 하나님이 당신을 행하도록 부르셨다고 알고 있는 어떤 일을 행하라. 모험이 없는 곳에 믿음도 없다!

-「위대함, 크리스천의 소명」/ 칩 잉그램

 예화와 관련된 말씀

예수께서 들으시고 놀랍게 여겨 따르는 자들에게 이르시되 내가 진실로 너희에게 이르노니 이스라엘 중 아무에게서도 이만한 믿음을 보지 못하였노라 (마 8:10).

16 오직 하나님만 의지하라

유대인들의 육아법 가운데는 이런 것이 있다. 어린 자녀가 차츰 자아의식을 형성해 가면 아이들과 신나게 놀던 아빠가 어느 날 갑자기 그 아들을 휙 던져버리고 냉정하게 돌아선다. 아이는 평생 처음 당하는 엄청난 쇼크에서 쉽게 헤어날 수가 없게 된다.

그들은 이런 경험을 통하여 인간에게는 까닭 없는 배신이 있다는 것과 인간은 이렇게 변화무쌍한 존재라는 것을 몸으로 체험하게 된다. 어린 아들로서는 실로 감당하기 어려운 이런 절망과 배신을 딛고 또 다시 아빠 품으로 돌아오면 그렇게 자기를 사랑하고 믿음직스러운 존재였던 아빠가 다시 한 번 호되게 밀쳐내 버린다.

어린 아들에게 아빠는 사랑의 대상이요 다정한 친구요 자신의 삶은 몽땅 송두리째 책임지고 있는 존재로서 이 아이에게만은 하나님 방불한 실존인 것이다. 그러므로 그의 까닭 없는 배신의 아픔은 어린이가 제대로 소화하기에 힘겨운 과제임이 분명하다.

이럴 때 아빠는 자기 아들에게 "아들아 사람을 믿지 말아야 한다. 심지어 이 아빠까지도 너를 배신할 수 있다는 사실을 명심해야 한다."고 교훈 한다. 그리고 인간이 영원히 믿을 수 있는 대상은 오직 하나님 한 분 뿐이라고 가르친다.

 한눈에 매정해 보이는 유대인의 아비들은 이 진리를 아이들에게 바로 가르치기 위하여 애간장이 찢어지는 듯한 아픔을 참고 견디며 이런 방법으로 아이들을 키우고 있는 것이다. 유대인들이 자기 나라 없이 온 세상을 부평초처럼 떠돌아다니면서도 2천 수백 년 동안 자기들의 민족성을 굳게 지키고 오늘의 세계를 이끌어 가는 힘의 상당 부분은 이와 같은 육아법에서 기인하고 있음을 알 수 있다.

예화와 관련된 말씀

> 내가 피할 나의 반석의 하나님이시요 나의 방패시요 나의 구원의 뿔이시요 나의 높은 망대시요 그에게 피할 나의 피난처시요 나의 구원자시라 나를 폭력에서 구원하셨도다(삼하 22:3).
>
> 여호와여 주는 나의 방패시요 나의 영광이시요 나의 머리를 드시는 자이시니이다(시 3:3).

17 | 하나님의 창조

런던대학의 우주 물리학자인 보이드 박사는 육안으로 볼 수 있는 별의 수는 약 10만 개이며 최신 전자 망원경을 가지고 한 은하 안에서 볼 수 있는 별의 수는 2,000억 개가 된다고 했다. 그리고 최신 망원경을 가지고 볼 수 있는 그 전체 우주 속의 별들의 수는 2,000억 x 1,000억 개라는 천문학적 숫자라고 했다. 그런데 우리가 보지 못한 별의 수는 얼마나 더 많겠는가?

또한 지금 반짝거리는 별빛은 10만 광년 전에 반짝였던 빛이 오늘 밤 우리 눈에 들어온 것이다. 그러니 "오늘 저녁 별빛이 유난히 반짝이지?" 하는 말은 얼마나 큰 거짓말인지 모른다. 이런 것을 공부하는 우주 물리학자인 보이드 박사는 전공을 통하여 하나님을 더 깊이 깨닫고 찬송가 40장을 자기 신앙의 간증이라고 했다.

사람은 어머니 뱃 속에 있을 때 양수에 감싸여 있는데 그것은 바깥에서 충격이 와도 물이 출렁출렁하기 때문에 태아를 보호하고, 또 아이가 계속 성장을 하면서 운동을 해야 하는데 물 속에 있어야 운동하기가 쉽기 때문이다. 그 후 달이 되면 양수가 터져서 아이가 나와야 할 길을 깨끗하게 청소해 준다. 그런데 이상한 것은 어머니 뱃 속에서 배꼽을 통해서 먹고 배꼽을 통해서 배설하고 배꼽을 통해서 숨을 쉬던 수중 동물이 어머니 배에서 나오는 순간에 수술도 하지 않았는데 어떻게 해서 입으로 먹고 코로 숨 쉬고 밑으로 배설하는 동물로 순간적으로 바뀌는가 하는 점이다. 그것은 아무도 설명할 수 없는 불가사의이다. 나는 이 의문점을 제가 인도하는 성경공부 모임에 나오는 어느 유명한 산부인과 의사에게 물어 보았다. 그때 그 분이 이렇게 대답하였다.

"그렇기 때문에 제가 성경공부 모임에 나오죠."

시편기자도 이렇게 노래했다.

"주께서 내 장부를 지으시며 나의 모태에서 나를 조직하셨나이다. 내가 주께 감사함은 나를 지으심이 신묘막측이라 주의 행사가 기이함을 내 영혼이 잘 아나이다"(시 138:13).

예화와 관련된 말씀

내가 주께 감사하옴은 나를 지으심이 심히 기묘하심이라 주께서 하시는 일이 기이함을 내 영혼이 잘 아나이다(시 139:4).

18 | 나의 동업자

 어떤 사람이 브라질에서 세 번째로 큰 도시인 벨로 호리전테에 출판소가 있어서, 그는 적어도 매년 한 번씩 브라질을 여행하며 거기서 선교 사역을 하고 있는 여러 단체를 방문한다.

 한번은 서부 브라질을 떠나 벨로 호리전테로 가기 위해 비행기 출발 시간 수 분 전에 공항 매표창구에 도착한 적이 있었다. 매표 직원에게 그의 목적지를 말해 주자 매표원은 비행기가 출발하기 전에 표를 끊을 충분한 시간이 없다고 완강하게 주장했다.

 비록 그가 탈 비행기에 좌석이 남아 있었고 하나님이 인도하는 곳으로 가기 위해서는 그것을 타야 했지만 그는 매표창구에서 돌아 나와 거기서 좀 떨어진 곳에 앉았다. 그 일에 대하여 그가 기도할 시간을 갖기도 전에 포르투칼어로 방송이 나왔다.

 "공항에 안개에 싸여 비행기가 이륙할 수 없게 되었습니다."

그 즉시 그는 하나님께서 이사야 65장 24절에서 약속하신 말씀을 기억해 냈다.

"그들이 부르기 전에 내가 응답하겠고 그들이 말을 마치기 전에 내가 들을 것이며"

가방을 집어 들고 그는 서둘러 매표창구로 돌아가서 비행기를 탈 충분한 시간이 있으니 표를 끊어 달라고 부탁했다. 그 직원은 마지못해 이 일을 했고 그가 표를 받자마자 안개가 걷히고 비행기는 이륙 허가를 받았다.

이 상황에서 하나님께서는 분명히 그가 어떤 일을 할 기회도 갖기 전에 개입하셨다.

 예화와 관련된 말씀

우리가 일어나 벧엘로 올라가자 내 환난 날에 내게 응답하시며 내가 가는 길에서 나와 함께 하신 하나님께 내가 거기서 제단을 쌓으려 하노라 하매(창 35:3).

내 의의 하나님이여 내가 부를 때에 응답하소서 곤란 중에 나를 너그럽게 하셨사오니 내게 은혜를 베푸사 나의 기도를 들으소서(시 4:1).

19 | 신앙의 어머니1

 어머니의 믿음은 어떻게 하면 아이들을 하나님의 뜻대로 바로 기르고 바로 가르칠 수 있을까? 하는데 나타난다. 자연히 양육과 교육에 나타나는 것이다.

 이런 어머니의 믿음과 교육을 생각할 때 우리교회 역사에 있어서 주후 2, 3세기에 산 유명한 교부(敎父) 오리겐의 어머니를 연상하게 된다.

 오리겐은 날 때부터 천재로서 매우 총명하였다. 말을 배우자마자 세 살, 네 살 적부터 시편과 산상보훈을 다 외웠고, 7, 8세 되었을 때는 성경의 대부분을 그저 머리 속에 외웠다고 한다. 그래서 하나님의 성전이라는 별명을 들었다고 한다. 아무리 재주가 있지만 혼자 그렇게 되는 것은 아니다. 어머니의 덕이다.

 이렇게 어렸을 적부터 믿음이 있었고, 17세 때 큰 핍박이 일어나서 자기 아버지가 로마 관원에게 잡혀가게 되었다. 수감(收監) 중에 있는 자기 아버지에게 그때 17세의 아들이 편지하기를 "조금도 두려워하지 말고 믿음을 굳게 지키세요, 그리고 믿음을 위해 생명을 바치시기 바랍니다. 저는 이렇게 기도합니다." 했다고 한다. 오히려 수감 중에 있는 자기 아버지에게 '믿음을 지키라'고 격려했다.

순교했다는 말을 듣고 자기도 순교하겠다고 자기 아버지가 순교한 곳으로 떠나갔다.

그때 어머니의 말씀이 내가 네 믿음은 알지마는 순교하는 것은 다 하나님의 때가 있는데 하나님의 때가 되어서 순교하게 되면 하려니와 순교를 자청(自請)할 필요는 없다. 그래서 어머니의 제재로 그만 두었다고 한다.

18세 때에 알렉산드리아에 있던 유명한 신학교의 대리 교장이 되었다. 그 후에 온 교회를 위해서 얼마나 큰일을 한 것은 교회 역사를 읽는 사람은 다 기억한다.

예화와 관련된 말씀

> 그런즉 너희 여자들을 그들의 아들들에게 주지 말고 그들의 딸들을 너희 아들들을 위하여 데려오지 말며 그들을 위하여 평화와 행복을 영원히 구하지 말라 그리하면 너희가 왕성하여 그 땅의 아름다운 것을 먹으며 그 땅을 자손에게 물려 주어 영원한 유산으로 물려 주게 되리라 하셨나이다(스 9:12).

20 | 신앙의 어머니2

어거스틴은 머리가 좋고 총명하고 재주가 많아서 어렸을 적부터 매우 공부를 잘 했다. 그러나 인간적으로 어거스틴은 방탕한 성질을 아버지에게서 물려 받았다. 그래서 공부를 잘하고 다른 사람을 잘 가르쳤지만 그 행실과 인격은 부족했다. 그리고 어머니인 모니카가 기도하고 권면했지만 예수를 믿지 아니했다. 오히려 그 시절 이단이었던 마니교를 따라다니며 어머니의 마음을 더 상하게만 만들었다. 이렇게 서른 살이 될 때까지 방탕한 생활을 했다.

그러던 어느날 어거스틴은 북 아프리카에만 있을 것이 아니며 로마로 가서 자신의 이름을 알리고 활약하겠다는 생각을 가지고 로마로 가려고 했다. 그러나 그의 어머니 모니카에게는 달갑지 않은 일이다. 하지만 어거스틴은 로마로 향했다. 그러나 어머니 역시 그를 혼자 보내는 것이 마음이 걸려 로마까지 따라 나섰다. 그리고 그의 곁에서 어머니 모니카는 언제나 기도를 쉬지 않았다. 그러다 어거스틴은 로마를 거쳐 밀란이란 곳까지 가게 되었다. 밀란이란 곳에는 그 당시 유명한 설교자인 목사 암브로스가 있었다. 어거스틴은 거기서 암브르스의 명성을 듣고 그 예배당에 한 두 번 가기 시작했다.

어거스틴의 33세 때 어느 날 밀란 교외의 어느 공원에 앉아 있었다. 그런데 누구의 소리인지는 모르지만 "어서 책을 펴서 읽어라"는 소리가 들렸다.

그는 성경을 찾아 읽었고, 그 말씀은 로마서 13장 23~24절이었다. "낮에와 같이 단정히 행하고 방탕과 술 취하지 말며 음란과 호색하지 말며 쟁투와 시기하지 말고 오직 주 예수 그리스도의 옷 입고 정욕을 위하여 육신의 일을 도모하지 말라"는 말씀이다.

어거스틴은 온전히 회개한 후에 그 다음 부활절에 세례를 받고 본 고향에 돌아가서 좀 더 공부해서 앞으로 하나님의 일을 하겠다는 마음을 먹고 다시 북 아프리카를 향해서 어머니와 함께 돌아오게 되었다.

예화와 관련된 말씀

> 내가 주의 택하신 자가 형통함을 보고 주의 나라의 기쁨을 나누어 가지게 하사 주의 유산을 자랑하게 하소서(시 106:5).

21 | 그리운 그리스도인

 몇 년 전 한 모임에서 어떤 분에게서 명함 한 장을 건네받았다. 거기에는 그분의 다양한 경력이 기록돼 있었는데 맨 마지막에는 40일 금식기도 2회, 성지순례 1회라고 적혀 있었다. 또 어떤 교회를 방문했는데 그 교회 당회장실에서 미국 모 신학대학원과 한국의 모 신학대학원과의 공동 학위 과정에서 받은 학위 수여 사진을 출입구 정면에 크게 걸어둔 것을 봤다. 그런데 그분의 후임 목사는 바로 그 자리에다가 미국에서 받았다는 학위 3개를 걸어두고 있었다.

 어느 교회 목사는 단 3개월 만에 미국에서 박사 학위를 받고 들어와 성대한 학위 취득 예배를 드렸다고 한다. 이것이 한국 교회의 한 단면이라고만 말하고 지나쳐 버리면 그만일 것이다. 그럼에도 불구하고 우리 교회 공동체의 자랑하는 수준이 이 정도밖에 안 됨은 부끄러운 수준이라는 것을 부인할 수 없다. 그러나 우리에게는 이런 그리스도인도 있다. 자랑스러운 왕손가문 베냐민 지파의 사람, 바리새인 중의 바리새인이었던 종교적인 배경, 당시 최고 학부였던 가말리

엘 문하의 수석 졸업생이고 율법적으로 흠이 없었던 '바울'이란 청년은 예수 그리스도를 만난 후 그 모든 자랑이라는 깃발을 내리고 그 자리에 예수 십자가의 깃발을 높이 올린 사람이었다. 그리고 그는 "내게는 우리 주 예수 그리스도의 십자가 외에 결코 자랑할 것이 없으니…"(갈 6:14)라고 고백했다. 그리고는 자기 동족 이스라엘의 구원을 위해 자신이 저주를 받아 그리스도에게서 끊어질지라도 원하였던 사람이 바로 바울이었다. 그는 자기에게 주어진 사명, 예수 그리스도의 복음을 증명하는 일을 마치려 함에는 자기 생명을 조금도 귀한 것으로 여기지 아니했다.

또 그 일을 목표로 달려갈 길을 다 마치고 선한 싸움을 싸우고 믿음을 지킨 사람이었다. 그는 운동선수처럼, 군인처럼, 그리고 신앙의 용사처럼 그의 인생을 경영했다. 바울 같은 이런 그리스도인이 그립다.

 예화와 관련된 말씀

> 이는 세상에 있는 모든 것이 육신의 정욕과 안목의 정욕과 이생의 자랑이니 다 아버지께로부터 온 것이 아니요 세상으로부터 온 것이라(요일 2:16).

22 | 그리스도인을 향한 기대

한 청년이 아침 일찍 공원에 들어가 벤치에 앉았다.

점심식사 시간이 지나고 저녁이 됐어도 그 자리에 계속 앉아 생각에 잠겨 있었다. 공원 문을 닫으려고 관리자가 그에게 다가와서 물었다. "아침부터 지금까지 여기에 앉아서 도대체 무얼 하십니까?"

이 말을 들은 청년이 자리에서 일어나 말했다.

"바로 지금까지 그 질문을 묻고 있는 중이오."

그는 나중에 유명한 철학자가 된 쇼펜하워였다. 굳이 철학 이야기를 꺼내지 않더라도 '인생은 나그네길 어디서 왔다가 어디로 가는가?'라는 유행가 가사가 말해주듯 인간은 늘 '내가 누구인가'라는 문제에 고민한다. 그러나 그리스도를 만나면 그 같은 고민에서 벗어날 수 있다. 그리스도인은 죄와 거짓의 아비, 곧 사탄의 자식인 동시에 예수 그리스도로 말미암아 이 세상에서 불러내심을 받은 자들임을 깨닫게 되기 때문이다. 내가 누구인지 알았다면 무엇을 해야 하는지도 알 수 있다. 그것은 성경에서 말씀하는 '왕 같은 제사장'

이 되는 것이다. 왕 같은 제사장이란 그리스도의 피로 죄 사함을 받고 하나님의 보좌 앞에 담대히 나아가 기도와 찬양을 드리는 특권을 가진 존재이다. 이는 구약시대와는 달리 그리스도인이면 누구나 누리는 특권이다. 구약의 제사장들은 백성을 대신해서 하나님 앞에 나아가는 특권층이었다. 그러나 예수님이 십자가에 못 박혀 운명하시던 그 순간 성소와 지성소 사이의 휘장이 찢어지면서 제사장은 필요 없게 되었다. 예수 그리스도의 속죄로 인해 누구든지 믿기만 하면 하나님 앞에 나아갈 수 있게 된 것이다.

그래서 우리는 모두 '왕 같은 제사장'의 신분이 됐다. 사실 우리는 아무도 거룩하지 못하지만 의로우신 예수와의 관계로 인해서 거룩한 제사장들이 되었다. 의로우신 예수를 믿음으로써 의롭게 살게 됐다. 우리는 피로 값 주고 사신 예수 그리스도의 소유물이다.

 예화와 관련된 말씀

> 그러나 너희는 택하신 족속이요 왕 같은 제사장들이요 거룩한 나라요 그의 소유가 된 백성이니 이는 너희를 어두운 데서 불러내어 그의 기이한 빛에 들어가게 하신 이의 아름다운 덕을 선포하게 하려 하심이라(벧전 2:9).

23 | 노아와 같은 믿음

　어떤 한 인부가 있었다. 이 사람은 아주 신실한 크리스천이었다. 그런데 함께 일하는 동료들은 모두 다 하나님을 믿지 않은 불신자들이었다.

　그날도 마찬가지로 열심히 땀을 흘리면서 담을 쌓다가 점심시간이 되어서 도시락을 먹게 되었다. 다른 동료들은 기도도 하지 않고 허겁지겁 도시락을 펼치고 밥을 먹었지만 이 사람은 하나님께 간절한 마음으로 기도를 드렸다.

　그런데 기도하는 이 사람의 모습을 보고서 다른 사람들이 놀리기 시작했다. 심지어 공사장을 지나가던 개가 몰래 와서 기도하던 틈을 타서 그만 도시락을 훔쳐 달아나버렸다. 사람들이 배를 잡고 웃기 시작했다. 도시락을 잃어버린 사람을 향하여 손가락질하면서 놀려대기 시작했다.

　그러나 이때에 기도를 마친 이 신실한 크리스천은 조용히 일어나서 자신의 도시락을 찾기 위해서 개에게 다가갔다. 이 모습을 보고서 앉아 있던 모든 사람들이 더 크게 웃기를 시작했다.

그런데 놀랍게도 사람들의 웃음소리에 그만 담장이 무너져 비웃던 모든 사람들이 자신들이 쌓던 담장 밑에 깔려버리는 사고가 발생하고 말았다.

노아도 이처럼 그 시대에 홀로 외롭게 하나님을 섬기던 의인이었다. 그러나 홍수의 심판이 전 인류를 심판할 때에 하나님께서 노아의 의로움을 보시고 그와 그의 가족들만을 구원하셨다.

아무리 우리 신앙인의 삶이 외롭다고 할지라도 선한 믿음의 삶을 살아가기가 매우 힘든 세상이 되었다고 할지라도 우리는 노아처럼 끝까지 하나님을 섬기는 의인의 삶을 살아가야만 될 줄로 믿는다.

 예화와 관련된 말씀

이것이 노아의 족보니라 노아는 의인이요 당대에 완전한 자라 그는 하나님과 동행하였으며(창 6:9).

24 인공위성과 고사

무궁화 2호 위성의 발사장인 미국의 케이프 커내버럴 공군기지에서 "돼지머리 고사(告祀)"가 열렸다.

이 때문에 세계적인 망신을 샀다. 한국통신 임직원과 참관인단 등 20여명은 비가 내리는 가운데 로켓발사대 앞에서 돼지 한 마리를 잡아 바베큐를 한 뒤 발사성공 기원식을 가졌던 것이다.

행사는 무궁화 위성이 그려진 태극기를 향해 경례를 한 뒤에 이어 발사성공 기원, 묵념의 순서로 진행됐다. 황보한(皇甫漢) 한국통신 위성사업 본부장은 "무궁화 1호 위성이 차질을 빚었던 악몽을 씻고 2호 위성발사는 반드시 성공해야 한다는 소박한 마음에서 이 행사를 준비했다."고 말했다.

전례 없는 돼지머리 고사는 황보한 본부장이 현지 책임자를 몇 차례 설득한 끝에 간신히 허락을 받아내 이루어졌다고 한다.

현대의 과학문명 시대에 우리나라 땅도 아닌 미국 땅에서 일어난 회화적인 사건을 보면서 어이가 없어진 것은 우리 그리스도인들만은 아닐 것이다.

그러나 우리의 의식 속에 퍼진 미신적인 요소를 보면 웃어 넘길 수 만은 없는 사건이다.

우리나라 미혼여성의 57%가 재미 삼아 토종비결을 보았다는 경험이 있다고 삼성직원 316명을 대상으로 조사에서 밝혀졌다. 이 세상에 사는 많은 사람들이 자기도 모른 채 악령들에게 속박 당하여 살고 있다는 증거이다.

우리는 이제 그 어느 때보다도 더욱 극성을 부릴 악령들에 대하여 싸울 만반의 태세를 갖추고 전도해야 한다.

영적인 싸움에서 적의 기선을 잡는 것은 전도이다. 복음전도를 방해하는 요소들이 더욱 많아 질 것이다. 그러나 우리의 약할 때 더욱 강하게 하시는 주님이시다.

 예화와 관련된 말씀

우리가 약할 때에 너희가 강한 것을 기뻐하고 또 이것을 위하여 구하니 곧 너희가 온전하게 되는 것이라(고후 13:9).

25 | 믿음으로 의롭다함을 얻는 화평

헨리 드라몬스는 '참된 평화'를 그리라는 명령을 받은 두 화가에 대한 이야기를 해 주었다.

한 화가는 고요하고, 조용하고, 안정되고, 침착하고, 진정된 호수가 있는 계곡의 풍경화를 그렸다. 주위에 있는 푸른 산의 소나무 숲은 자랑이라도 하는 듯 호수의 수면에 비치는 풍경화였다.

또 한 화가는 바위 사이로 떨어지는 폭포를 그렸는데, 그 주위에는 연한 나무들이 줄지어 섰고, 한 나무에는 새둥지도 있었다.

그 둥지에는 새 새끼들이 폭포의 우렁찬 소리에도 불구하고 고요하게 잠자고 있었다.

누가 더 참된 평화를 잘 묘사해서 그렸겠는가?

이 두번째 화가가 우리의 현실을 그대로 묘사했다고 할 수 있다. 그러나 하나님은 문제가 없을 거라고 말씀을 하지는 않으셨다. 어려움과 고난은 항상 있는 것이다.

그러나 하나님은 인생의 소란 중에서도 우리에게 평화, 진정한 평화를 주시기로 약속하셨다.

우리는 믿음으로 그것을 받아들이면 되는 것이다. 그러면 비로소 참된 평화를 누릴 수 있을 것이다.

믿음으로 의롭다함을 얻고, 그리스도와 더불어 화평함을 누릴 수 있는 것이다.

 예화와 관련된 말씀

그러므로 우리가 믿음으로 의롭다 하심을 얻었은즉, 우리 주 예수 그리스도로 말미암아 하나님으로 더불어 화평을 누리자 (롬 5:1).